21世纪创新创业课程规划教材

团队建设实训教程

TUANDUI JIANSHE SHIXUN
JIAO CHENG

主　编：周　丽
副主编：吴　矜　潘卓彤
　　　　谢汶君　李肇龙

企业管理出版社
ENTERPRISE MANAGEMENT PUBLISHING HOUSE

图书在版编目（CIP）数据

团队建设实训教程／周丽主编；吴矜等编著．—北京：企业管理出版社，2021.11

21世纪创新创业课程规划教材

ISBN 978-7-5164-2371-4

Ⅰ．①团… Ⅱ．①周…②吴… Ⅲ．①团队管理—高等学校—教材 Ⅳ．①C936

中国版本图书馆CIP数据核字（2021）第070922号

书　　名：	团队建设实训教程
作　　者：	周丽　等
责任编辑：	刘一玲
书　　号：	ISBN 978-7-5164-2371-4
出版发行：	企业管理出版社
地　　址：	北京市海淀区紫竹院南路17号　　邮　编：100048
网　　址：	http://www.emph.cn
电　　话：	编辑部（010）68701322　发行部（010）68414644
电子信箱：	liuyiling0434@163.com
印　　刷：	北京市青云兴业印刷有限公司
经　　销：	新华书店
规　　格：	710毫米×1000毫米　16开本　15.25印张　210千字
版　　次：	2021年11月第1版　　2021年11月第1次印刷
定　　价：	68.00元

版权所有　翻印必究·印装有误　负责调换

《团队建设实训教程》
编委会

总策划：丁孝智

主　编：周　丽

副主编：吴　矜　潘卓彤　谢汶君　李肇龙

编委会（按姓氏笔画排序）：

　　　　邓言平　宋桃蓉　陈春宇　陈怡静
　　　　余腾夏　周　菁　周雪晴　周　斌
　　　　周啸涛　周鑫华　梁国钊　黄　寿
　　　　廖润宇

前　言

　　能用众力，则无敌于天下矣；能用众智，则无畏于圣人矣。

　　团队合作能力是现代人的基本素质。不管一个人多么有才能，但是集体常常比他更具智慧、更有力量。目前各类组织（特别是企业、高校、研究机构等）都十分重视团队建设，把团队建设作为提高工作效能的有效管理措施。通过打造优秀的团队，塑造优秀的团队文化；通过塑造优秀的团队文化，培养出优秀的人。目前，团队建设的理论和实践都处于相对薄弱的阶段，还没有形成系统的理论与方法。至少在团队建设实训方面，实用型、通用型的教材或参考书还不多。本教材希望做一次尝试。全书分成十三章：

　　第一章　团队概述，阐述了团队的含义及作用、团队的四种类型及团队角色配置。

　　第二章　群体行为，阐述了群体的定义、群体的类型、群体的结构、群体决策、群体思维和群体极化及团队和群体的区别。

　　第三章　团队工作方法，介绍了头脑风暴法、六顶思考帽及ASK人才模型。本章特别强调团队人员在正常融洽和不受任何限制的气氛中以会议形式进行讨论、座谈，打破常规，积极思考，畅所欲言，充分发表看法的工作方式，以及从理性、情感、乐观、批判、创新及综合等多个维度更加客观全面地分析问题和判断问题的方法。

　　第四章　高效团队，阐述了高效团队的概念、团队凝聚力、团队合作及团队士气。高效的团队有助于团队领导的解放和提高团成员的工作效率。本章提供了在团队建设中，应如何组建高效的团队。

第五章　团队沟通，介绍了沟通模型、编码与解码、团队沟通技巧及向上沟通。本章提供了良好的团队沟通模式，以及如何消除团队成员间的各种人际冲突，实现人与人之间的交流行为，使团队成员在感情上相互依靠，在价值观上达到高度的统一，进而为团队打下良好的人际基础。

第六章　团队冲突与处理，阐述了团队冲突、团队冲突过程及团队冲突的处理。本章提供了"双刃剑"分析法，即团队冲突是一把"双刃剑"，因此要营造建设性的团队冲突，抑制破坏性的团队冲突，有利于团队良性发展，不断进步。

第七章　团队执行力，介绍了团队执行力的概念、西点军校的二十二条军规及提升团队执行力的要点。本章介绍了团队执行力的具体表现及如何提高团队执行力。所有企业间的竞争，事实上都是执行力的竞争，因为任何新的战略和模式都会引来众多的模仿者。所有企业的问题，实际上都是人的问题，而只有文化才能改变人的意识，从而改变人的行为。多数企业的失败，是没有建立起一种执行文化而无法充分发挥自己的潜力所致。

第八章　团队激励，阐述了团队激励理论概述、团队激励方式和团队激励的应用。本章论述了在理论指导下，如何激励团队成员设立共同的奋斗目标及如何调动团队成员的积极性。

第九章　团队领导，阐述了领导理论、团队领导力的构建及提升领导力的途径。团队建设的进程是一个布满问题的"荆棘之路"，因此需要团队领导者带领团队成员，齐心协力为达成团队目标"披荆斩棘"。本章论述了团队领导者需要的领导力。

第十章　复杂性任务团队管理，阐述了显性知识、隐性知识与高校隐性知识，团队发展环境，虚拟科研团队，创新团队及诺贝尔创新团队的启示。高校科研创新团队是掌握核心技术和实现科技成果产业化的关键因素，本章提供了复杂性任务团队组织和管理方式。

第十一章　团队建设问题诊断，介绍了团队成员诊断、团队规模诊断和团队领导诊断。本章提供了各种不同的诊断方式和诊断结果的运用。

第十二章　企业团队建设案例，介绍了马化腾创业团队、稻盛和夫的阿米巴团队和沃尔玛团队等案例，展示了优秀团队的基本素质：知识结构互补、会学习、爱学习、超强的沟通技巧及危急关头解决问题的能力。

第十三章　团队游戏设计，提供了在团建中的二十多种游戏方案，方便教学组织者在实训课程中使用，解决开展团建实操训练的难题。

本教材通过团队建设课程教学实践，加深学员对团队建设基础理论的认识，促进理论联系实际。通过引导学员参与讨论、游戏、互动等活动，使学员熟练掌握团队建设的具体操作方法。本教材是高等院校为学生开设的素质课，通常采用通识课、公选课等形式开展教学。选修课程的学生一般是来自全校不同专业，教材以实操和应用为中心，将职业素质教育融入课堂教学。

本教材用通俗易懂的语言和图文并茂的表达方式呈现团队建设的核心内容，故本教材除作为应用型本科院校、高职院校的教材外，还可以作为企业在员工团队建设工作中的培训教材或参考用书。

周　丽
2021 年 8 月

目　录

第一章　团队概述 / 1

第一节　团队的含义及作用 …………………………………（1）

第二节　团队的四种类型 ……………………………………（2）

第三节　团队角色配置 ………………………………………（5）

第二章　群体行为 / 13

第一节　群体的定义 …………………………………………（13）

第二节　群体的类型 …………………………………………（14）

第三节　群体的结构 …………………………………………（14）

第四节　群体决策、群体思维和群体极化 …………………（20）

第五节　团队和群体的区别 …………………………………（23）

第三章　团队工作方法 / 29

第一节　头脑风暴法 …………………………………………（29）

第二节　六顶思考帽 …………………………………………（35）

第三节　ASK 人才模型 ………………………………………（48）

第四章　高效团队 / 54

第一节　高效团队的概念 ……………………………………（54）

第二节　团队凝聚力 …………………………………………（58）

第三节　团队合作 ……………………………………………（61）

第四节　团队士气 ……………………………………………（62）

第五章　团队沟通 / 67

第一节　沟通模型 …………………………………………… (67)

第二节　编码与解码 ………………………………………… (70)

第三节　团队沟通技巧 ……………………………………… (76)

第四节　向上沟通 …………………………………………… (80)

第六章　团队冲突与处理 / 85

第一节　团队冲突概述 ……………………………………… (85)

第二节　团队冲突过程 ……………………………………… (92)

第三节　团队冲突的处理 …………………………………… (103)

第七章　团队执行力 / 114

第一节　团队执行力的概述 ………………………………… (114)

第二节　西点军校的二十二条军规 ………………………… (116)

第三节　提升团队执行力的要点 …………………………… (123)

第八章　团队激励 / 128

第一节　团队激励理论概述 ………………………………… (128)

第二节　团队激励方式 ……………………………………… (131)

第三节　团队激励的应用 …………………………………… (138)

第九章　团队领导 / 144

第一节　领导理论概述 ……………………………………… (144)

第二节　团队领导力的构建 ………………………………… (147)

第三节　提升领导力的途径 ………………………………… (152)

第十章　复杂性任务团队管理 / 166

第一节　显性知识、隐性知识与高校隐性知识 …………… (166)

第二节　团队发展环境 ……………………………………… (167)

第三节　虚拟科研团队 ……………………………………… (168)

第四节 创新团队及诺贝尔创新团队的启示 ……………（171）

第十一章 团队建设问题诊断 / 173

第一节 团队成员诊断 ………………………………（173）
第二节 团队规模诊断 ………………………………（182）
第三节 团队领导诊断 ………………………………（184）

第十二章 企业团队建设案例 / 194

第一节 马化腾创业团队 ……………………………（194）
第二节 稻盛和夫的阿米巴团队 ……………………（197）
第三节 沃尔玛团队 …………………………………（200）

第十三章 团队游戏设计 / 204

参考文献 / 225

后　记 / 229

第一章 团队概述

团队就是由两个或者两个以上的、相互作用、相互依赖的个体,为了特定目标而按照一定规则结合在一起的组织。

——斯蒂芬·罗宾斯(美国著名管理学教授)

第一节 团队的含义及作用

团队是组织的理想状态,有目标的团队建设有利于实现工作绩效的最大化。

关于团队(Team)的定义很多。对于企业而言,团队的定义为:团队是由员工和管理层组成的一个共同体,有共同理想目标,愿意共同承担责任,共享荣辱。在共同的发展过程中,经过长期的学习、磨合、调整和创新,形成主动、高效、合作且有创意的团体,不断解决问题,达到共同的目标。也可以将团队定义为:由基层和管理层人员组成的一个共同体,合理利用每一个成员的知识和技能协同工作,解决问题,达到共同的目标(见表1-1)。

表1-1 团队定义涉及的几个方面

少量成员	6~12个最佳
互补技能	技术功能方面的特长;解决问题和决策技能;人际交流技能
对一个共同的绩效目标做出承诺	一个共同的目的使团队揉成一个整体,团队将各种任务转换为具体而可衡量的绩效目标,具体的绩效目标又有助于团队成长
共同的方法	能把个人的技能与提高团队业绩联系起来,参照目的与目标不断调整成员行为

彼此负责	成员之间要彼此负责，在实现团队目的、绩效目标和方法的过程中，团队成员逐步形成默契的配合，彼此承诺和信任对方

续表

第二节　团队的四种类型

根据团队存在的目的和拥有自主权的大小，一般将团队分为四种类型：问题解决型、自我管理型、多功能型、虚拟型。

问题解决型团队（Problem-solving Team） 是指组织成员可以就如何改进工作程序、方法等问题交换看法，对如何提高生产效率和产品质量等问题提出建议。其核心点是提高生产质量和生产效率、改善企业工作环境等。在这样的团队中成员就如何改变工作程序和工作方法相互交流，提出一些建议。缺点是团队成员在被授权之前基本没有什么实际权利来根据建议采取行动。

自我管理型团队（Self-managed Team） 通常由10~16人组成，他们承担着以前自己的上司所承担的一些责任。一般来说，他们的责任范围包括控制工作节奏、决定工作任务的分配、安排工间休息。彻底的自我管理型团队甚至可以挑选自己的成员，并让成员相互进行绩效评估。以团队成员自我管理、自我负责、自我领导、自我学习为特点的自我管理型团队越来越显示出其优越性，也逐渐被主流接受。世界上许多知名的大公司都是推行自我管理团队的典范，如施乐公司、通用汽车、百事可乐、惠普公司等都是推行自我管理型团队的代表性企业。

多功能型团队（Cross-functional Teams） 由来自同一等级、不同工作领域的员工组成，他们走到一起的目的就是完成某项任务。多功能型团队是一种有效的团队管理方式，它能使组织内（甚至组织之间）不同领域员工之间交换信息，激发产生新的观点，解决面临的问题，协调复杂的项目。但是多功能型团队在形成的早期阶段需要耗费大量的时间，因为团队成员需要学会处理复杂多样的工作任务。在成员之间，尤其是在那些背景、经历和观点不同的成员之间，建立起信任并能真正地合作也需要一定的时间。跨职能团队在实现隐性知识共享的过程中扮演着核心的角色作用。同样，它也可以使这个团队的每一个成员在进行交流与沟通的同时，增长跨专业化的知识。来自某具体职能外的团队成员能带来客观的视角和全新的思维，可形成创造性的方案，解决和某具体业务流程相关的问题。多功能型团队要按照跨越职能的方式来组织，这样可博采众长，集思广益，有效地开展流程变革和再造。

虚拟型团队（Virtual Teams） 是指人员分散于不同地点但通过远距离通信技术一起工作的团队。虚拟团队的人员分散，可以是在不同城市，甚至可以跨国、跨洲。人员可以跨不同的组织，工作时间可以交错，依靠现代通信技术进行联系。虚拟团队通常被描述成一个松散的组织结构、无边界连接，根据信息处理的需要不断变化，并且几乎没有控制等级。一方面可视为工作和团队单位的消失；另一方面又可使组织调整战略，演变成动态的、资源重新配置的团队。由于可根据环境的变化做出调整选择，使这种无边界的团队失去了与外界的界限分割和传统团队的一般特点。

团队精神是指团队成员为了团队的利益和目标而相互协作、尽心尽力的意愿和作风。包含三个内容：团队的凝聚力、合作的意识及成员的士气。

团队精神是大局意识、协作精神和服务精神的集中体现，核心是协同合作，反映的是个体利益和集体利益的统一，进而保证组织的高效率运转。

团队精神也是组织文化的一部分，良好的管理可以通过合适的组织形态将每个人安排至合适的岗位，充分发挥集体的潜能。如果组织没有正确的管理文化，个人没有良好的从业心态和奉献精神，就不会有团队精神。

团队的构成要素分为五个方面，分别为目标、人、定位、权限及计划。

目标。团队应该有一个既定的目标，知道要向何处去，没有目标的团队就没有存在的价值。团队的目标必须跟组织的目标一致，此外还可以把大目标分成小目标，再具体分到各个团队成员身上，大家合力实现这个共同的目标。同时，目标还应该有效地公开传播，让团队内外的成员都知道这些目标，有时甚至可以把目标贴在团队成员的办公桌上、会议室里，以此激励所有的人为这个目标去努力。

人。人是构成团队最核心的力量，2个（含2个）以上的人就可以构成团队。目标是通过人员具体实现的，所以人员的选择是团队中非常重要的一个部分。在一个团队中需要有人出主意、有人订计划、有人实施，有人协调不同的人一起工作，还要有人监督团队工作的进展，评价团队最终的贡献。不同的人通过分工来共同完成团队的目标，在人员选择方面要考虑人员的能力如何、技能是否互补、人员的经验如何等。

定位。团队的定位包含以下两层意思：

团队的定位，团队在企业中处于什么位置，由谁选择和决定团队的成员，团队最终应对谁负责，团队采取什么方式激励下属？

个体的定位，作为成员在团队中扮演什么角色？是制订计划还是具体实施或评估？

权限。团队当中领导人的权力大小跟团队的发展阶段相关，一般来说，团队越成熟领导者所拥有的权力相应越小，在团队发展的初期阶段，领导权是相对比较集中的。以下是团队权限关系的两个方面。

（1）整个团队在组织中拥有什么样的决定权？比方说财务决定权、人事决定权、信息决定权等。

（2）组织的基本特征，如组织的规模多大，团队的数量是否足够多，组织对于团队的授权有多大，它的业务是什么类型。

计划。以下是计划的两个层面含义。

（1）目标最终的实现，需要一系列具体的行动方案，可以把计划理解成目标的具体工作程序。

（2）提前按计划进行可以保证团队的进度顺利。只有在计划的操作下团队才会一步一步地接近目标，从而最终实现目标。

第三节　团队角色配置

贝尔宾团队角色理论
人无完人，但是一个集体是可以完美的。
功能齐全是团队成功的必要条件！

——贝尔宾博士

第一，任何领导集体都必须有一个核心，没有核心的集体是靠不住的；

第二，任何领导者个人都是在集体中起作用；

第三，人无完人，但是一个团队可以趋于完美。

团队角色理论之父——梅雷迪思·贝尔宾博士（Meredith R. Belbin）将团队角色定义为：个体在群体内的行为、贡献及人际互动的倾向性。九种团队角色分别为：

创新者。创新者创造力强，充当创新者和发明者的角色，为团队的发展和完善出谋划策。通常他们更倾向于与其他团队成员保持距离，运用自己的想象力独立完成任务，标新立异。他们对于外界的批判和赞扬反应强烈，持保守态度。他们的想法总是很激进，并且可能会忽略实施的可能性。他们是独立的、聪明的、充满原创思想的，但是他们可能不善于与那些气场不同的人交流。

信息者。信息者是热情的、行动力强的、外向的人。无论公司内外，他们都善于和人打交道。他们与生俱来是谈判的高手，并且善于挖掘新的机遇、发展人际关系。虽然他们并没有很多原创想法，但是在听取和发展别人想法的时候，信息者效率极高。就像他们的名字一样，他们善于发掘那些可以获得并利用的资源。由于他们性格开朗外向，所以无论到哪里都会受到热烈欢迎。他们为人随和，好奇心强，乐于在任何新事物中寻找潜在的可能性。然而，如果没有他人的持续激励，他们的热情会很快消退。

监督者。监督者是态度严肃的、谨慎理智的人，他们有着与生俱来对过分热情的免疫力。他们倾向于三思而后行，做决定较慢。通常他们非常具有批判性思维。他们善于在考虑周全之后做出明智的决定，这样出错是比较少的。

协调者。协调者最突出的特征就是他们能够凝聚团队的力量向共同的目标努力。成熟、值得信赖并且自信，都是他们的代名词。在人际交往中，他们能够很快识别对方的长处所在，并且通过知人善用来达成团队目标。虽然协调者并不需要是团队中最聪明的成员，但是他们拥有远见卓识，并且能够获得团队成员的尊重。

推进者。推进者是充满干劲的、精力充沛的、渴望成就的人。通常他们非常有进取心，性格外向，拥有强大驱动力。他们勇于挑战他人，并且关心最终是否胜利。他们喜欢领导并激励他人采取行动。在行动中如遇困难，他们会积极找出解决办法。他们是顽强又自信的，在面对任何失望和挫折时，他们倾向于显示出强烈的情绪反应。推进者对人际不敏感，好争辩，可能缺少对人际交往的理解。这些特征决定了他们是团队中最具竞争性的角色。

凝聚者。凝聚者是在团队中给予最大支持的成员。他们性格温和，观察力强，擅长人际交往并关心他人。他们灵活性强，适应不同环境和人的能力非常强。作为最佳倾听者的他们通常在团队中备受欢迎。他们在工作上非常敏感，但是在面对危机时，他们往往优柔寡断。

实干者。实干者是实用主义者，有强烈的自我控制力及纪律意识。他们偏好努力工作，并系统化地解决问题。总而言之，实干者是典型的将自身利益与忠诚与团队紧密相连、较少关注个人诉求的角色。然而，实干者或许会因缺乏主动而显得一板一眼。

完美者。完美者是坚持不懈的、注重细节的。他们不太会去做他们认为完成不了的任何事。他们由内部焦虑所激励，但表面看起来很从容。一般来说，大多数完成者都性格内向，并不太需要外部的激励或推动。他们无法容忍那些态度随意的人。完成者并不喜欢委派他人，而是更偏好自己来完成所有的任务。

技术专家。技术专家是专注的，他们会为自己获得专业技能和知识而感到骄傲。他们首要专注于维持自己的专业度以及对专业知识的不断探究之上。然而由于技术专家将绝大多数注意力都集中在自己的领域，因此他们对其他领域所知甚少。最终，他们成了只对专一领域有贡献的专家。但是很少有人能够一心一意钻研，或有成为一流专家的才能（见表1-2）。

表1-2 团队角色的特点

角色	优点	缺点
创新者	有天分 有想象力	好高骛远 很难合作
信息者	敏感性强 善于发现	喜新厌旧 兴趣快移
监督者	冷静 辨别能力强	缺乏热情 爱泼冷水
协调者	兼容并包 自控力强	智力及创造力一般
推进者	高效率 快节奏	易挑起事端 爱冲动急躁
凝聚者	化解矛盾 体察人情	优柔寡断 不承担压力
实干者	条理性强 组织能力强	缺乏灵活 阻碍变革
完美者	坚持不懈 精益求精	焦虑感强 吹毛求疵
技术专家	专注某个领域 持续专研获得建树	知识面窄

案例学习：从《西游记》看团队管理

《西游记》中师徒 4 人的个性特点：

唐僧：没有任何的法术，但他信念坚定，目标明确，有吃苦耐劳从不放弃的精神。

孙悟空：本领高强，有实力，能带领团队走出困境，但闹情绪时，经常回花果山。

猪八戒：活泼好动，思想单纯，能有效调动团队的气氛，使团队充满活力。但做事不专心，经常出错。

沙和尚：始终帮师傅挑担、化缘，做事认真负责。一心只想帮师傅完成去西天取经的目标。

提问：《西游记》中师徒 4 人谁最厉害？为什么唐僧没法术，却能管理三个法术高强的徒弟，并能让他们同自己一起完成去西天取经的目标。

分析：唐僧是如何管理自己的三个徒弟。唐僧先利用紧箍咒管住孙悟空，让能力最强，本领最高的徒弟不会违反他的指令。再利用孙悟空管住猪八戒，剩下沙和尚为人老实忠诚，就不须管理了。孙悟空仅仅是因为紧箍咒就服从唐僧的领导吗？不是，紧箍咒只不过是观世音给他的一种管理制度和手段（权力和威信），更重要的是唐僧曾经帮助孙悟空脱离"五指山"（感恩），另外观世音也许诺：他们三人帮唐僧顺利到西天取到真经后就能被封神成佛（成就感，利诱）。猪八戒仅仅是因为怕孙悟空就服从唐僧的领导吗？不是，但他必须要服从团队中多数人的意见，他不想被团队排斥。当团队中多数的成员都服从唐僧的领导时，他一人唱反调只能是孤掌难鸣。

启发：每个团队都是由各种不同类型的人组成，每种类型的人在团队中都有一定的作用，团队的领导如何利用好每个成员的强项，控制好短板，就能让团队发挥最大的效率。管理团队中不同类型的成员要采取多种不同的管理方法，团队中领导的管理方法必须要得到团队中多数的成员所认同和支持。

讨论：

1. 你认为自己在团队中适合扮演怎样的角色？起什么作用

_____
_____
_____

2. 介绍本组的团队构成情况，作为一个团队，本组的长处和短处分别是什么

_____
_____
_____
_____

团队角色自测问卷

说明：对下列问题的问答，可能在不同程度上描绘了您的行为。每题有八句话，请将10分分配给这八个句子。分配的原则是：最能体现在您的行为句子的分数最高，依次类推。最极端的情况也可能是10分全部分配给其中一句话。请根据您的实际情况把分数填入下面的表中。

题号	1	2	3	4	5	6	7	总分
CW	G( )	A( )	H( )	D( )	B( )	F( )	E( )	
CO	D( )	B( )	A( )	H( )	F( )	C( )	G( )	
SH	F( )	E( )	C( )	B( )	D( )	G( )	A( )	
PL	C( )	G( )	D( )	E( )	H( )	A( )	F( )	
RI	A( )	C( )	F( )	G( )	E( )	H( )	D( )	

续表

题号	1	2	3	4	5	6	7	总分
ME	H（ ）	D（ ）	G（ ）	C（ ）	A（ ）	E（ ）	B（ ）	
TW	B（ ）	F（ ）	E（ ）	A（ ）	C（ ）	B（ ）	H（ ）	
FI	E（ ）	H（ ）	B（ ）	F（ ）	G（ ）	D（ ）	C（ ）	

表格第一列的字母不明白是不要紧的，认真做完测试你就会明白其中的意思。

1. **我认为我能为团体做出的贡献是：**

A. 能很快地发现并把握住新的机遇

B. 能与各种类型的人一起合作共事

C. 生来就爱出主意

D. 我的能力在于，一旦发现某些对实现集体目标很有价值的人，我就及时把他们推荐出来

E. 把事情办成，这主要靠我个人的实力

F. 如果最终能导致有益的结果，愿意面对暂时的冷遇

G. 通常能意识到什么是现实的，什么是可能的

H. 选择行动方案时，不带倾向性，也不带偏见地提出一个合理的替代方案

2. **在团队中我可能有的弱点是：**

A. 如果会议没有得到很好的组织、控制和主持，我会感到不愉快

B. 容易对那些有高见而又没有适当地发表出来的人表现得过于宽容

C. 只要集体在讨论新的观点，我总是说的太多

D. 客观的看法，使我很难与同事们打成一片

E. 在一定要把事情办成的情况下，我有时使人感到特别强硬以致专断

F. 由于我过分重视集体的气氛，发现自己很难与众不同

G. 易于陷入突发的想象之中，而忘了正在进行的事情

H. 同事认为我过分注重细节，总有不必要的担心，怕把事情搞糟

3. 当我与其他人共同进行一项工作时：

A. 在不施加任何压力的情况下，去影响其他人的能力

B. 随时注意防止粗心和工作的疏忽

C. 愿意施加压力以换取行动，确保会议不是在浪费时间或离题太远

D. 在提出独到见解方面，我是数一数二的

E. 对于与大家共同利益有关的积极建议我总是乐于支持

F. 热衷寻求最新的思想和新的发展

G. 相信我的判断能力有助于做出正确的决策

H. 使人放心的是，对那些最基本的工作，我都能组织得井井有条

4. 我在工作团队中的特征是：

A. 有兴趣更多地了解我的同事

B. 经常向别人的见解进行挑战或坚持自己的意见

C. 在辩论中，通常能找到论据去推翻那些不甚有理的主张

D. 一旦确定必须立即执行一项计划，我就有推动工作运转的才能

E. 不在意使自己太突出或出人意料

F. 对承担的任何工作，都能做到尽善尽美

G. 乐于与工作团队以外的人进行联系

H. 尽管对所有的观点都感兴趣，但这并不影响我在必要的时候下决心

5. 在工作中我得到满足，因为：

A. 喜欢分析情况，权衡所有可能的选择

B. 对寻找解决问题的可行方案感兴趣

C. 感到我在促进良好的工作关系

D. 能对他人有强烈的影响

E. 能适应那些有新意的人

F. 能使人们在某项必要的行动上达成一致意见

G. 感到我身上有一种全身心地投入工作中去的热情

H. 很高兴能找到一处可以发挥我想象力的天地

6. 如果突然给我一项困难的工作，而且时间有限，人员不熟：

A. 在有新方案之前，我宁愿先躲进角落，拟定出一个解脱困境的方案

B. 比较愿意与那些表现出积极态度的人一道工作

C. 会设想通过用人所长的方法来减轻工作负担

D. 我天生的紧迫感，将有助于我们不会落在计划后面

E. 能保持头脑冷静，富有条理地思考问题

F. 尽管苦难重重，我也能保证目标始终如一

G. 如果集体工作没有进展，我会采取积极措施去加以推动

H. 愿意展开广泛的讨论，意在激发新思想，推动工作

7. 对于那些在团队工作中或与周围人共事时所遇到的问题：

A. 我很容易对那些阻碍前进的人表现出不耐烦

B. 别人可能批评我太重分析而缺少直觉

C. 我有做好工作的愿望，能确保工作的持续进展

D. 我常常容易产生厌烦感，需要一两个有激情的人使我振作起来

E. 如果目标不明确，让我起步是很困难的

F. 对于遇到的复杂问题，我有时不善于加以解释和澄清

G. 对于那些我不能做的事，我有意识地求助他人

H. 当我与真正的对立面发生冲突时，我没有把握使对方理解我的观点

备注：

分数最高的一项就是你表现出来的角色，分数第二高第三高就是你的潜能，如果分数在10分以上有三项，证明你这三个角色都可以扮演，可以根据兴趣和能力来决定。如果你有一项非常突出，得分超过18分以上，说明这个角色非你莫属；而5分以下说明你不适合扮演这个角色，15分以上证明你在这个角色上表现很突出。

要求： 每个人填写团队角色自测问卷（12分钟），每组统计出本组内各种团队角色个数的总和（3分钟）。每组推荐一名代表发言，其他人补充。

第二章 群体行为

第一节 群体的定义

群体是具有相同利益或情感的两个或两个以上的人以某种方式结合在一起的集合体。构成群体的两个要素是成员关系必须具备相互依赖性和成员具有共同的意识、信仰、价值和规范，用以控制相互行为。群体和团队有着根本性的一些区别，群体可以向团队过渡。

群体意识是群体存在的关键因素，是群体成员对自己所在群体的认识，也是群体成员在群体活动中形成的共同意识。

人们为什么要加入群体？

安全的需要。"人多力量大"，群体可以增强对付外来威胁的抵抗力，减轻"孤立无援"时的不安全感，减轻"独来独往"时的孤独感。

自尊的需要。自尊有双重含义：一是拥有自尊，视自己为一个有价值的人；二是被他人尊敬，得到他人的认同和重视。群体能使其成员觉得自己活得很有价值。

归属的需要。群体满足人们的社交需要、友谊需要和交流需要，是满足归属需要的主要手段。"我生活宽裕，不缺钱花，但为什么我并不想放弃自己的工作呢？因为我喜欢那些与我一同工作的同事……"

地位的需要。加入被别人认为是很重要的群体中，个体能够得到被别人承认的满足感。

权力的需要。权力需要是单个人无法实现的，只有在群众活动中才能实现。

实现目标的需要。为了完成某种特定的目标需要多个人的共同努力，需要集合众人的智慧、力量。

第二节　群体的类型

正式群体

正式群体是由组织结构确定的、职务分配很明确的群体。正式群体有固定编制，个人有规定的权利和义务，明确的职责分工，个人行为是由组织目标规定的，指向组织目标的。

常见的正式群体有命令型群体和任务型群体两种类型

命令型群体：根据组织正式文件，由直接向某个管理者汇报工作的下属组成。

任务型群体：由组织确定，为了完成一项任务而共同工作的群体。

非正式群体

没有正式结构，也不是由组织确定的联盟，人们为了满足社会交往的需要在工作环境中自然形成的群体。

常见的非正式群体有利益型群体和友谊型群体两种类型

利益型群体：为某个大家共同关心的目标而走到一起的人所组成的群体。

友谊型群体：在共同的兴趣、爱好或者地缘关系基础上形成的群体。

第三节　群体的结构

群体结构是群体成员的构成。群体的结构对群体行为和工作成果有重要影响。群体成员搭配得当，则能使群体各成员协调一致，密切配合，从而提高工作效率。群体成员搭配不当，则会使群体涣散，从而降低工作效率。群体结构变量主要包括角色、规范、地位、规模、内聚力。

一、角色

角色：成员在群体中都表现出自己特定的行为模式。

（一）群体角色的种类

群体角色有三种类型：自我中心角色、任务角色和维护角色。自我中心角色对群体绩效起消极作用，任务角色、维护角色和群体绩效之间有正比关系。

自我中心角色：

（1）阻碍者，在群体通往目标的道路上设置障碍的人；

（2）寻求认可者，受这种认可欲求束缚的人看似在看着他人，但实际上眼里却只有自己；

（3）支配者，试图驾驭别人，操纵所有事务，不顾对群体有什么影响；

（4）逃避者，对群体漠不关心，似乎与自己毫无关系，不做贡献。

任务角色：

（1）建议者，给群体提建议、出谋划策的人；

（2）信息加工者，搜集有用信息的人；

（3）总结者，整理、综合有关信息，为群体目标服务的人；

（4）评价者，帮助检验有关方案、筛选最佳决策的人。

维护角色：

（1）鼓励者，热心赞赏他人对群体的贡献；

（2）协调者，解决群体内冲突；

（3）折中者，协调不同意见，帮助群体成员制定大家都能接受的中庸决策；

（4）监督者，保证每人都有发表意见的机会，鼓动寡言的人，而压制支配者。

（二）角色构成的群体类型模型

群体发展不同阶段角色的重要性也不同。在形成阶段，监督者和建议者的角色有助于群体奠定一个良好的基础；前者可以使每个成员都增强主人翁责任感，后者可以为群体提出努力方向。在风暴阶段，总结者、信息加工者、协调者和折中者的角色可以帮助群体解决不可避免的冲突，顺利进入正常化阶段。在群体正常化和发挥作用阶段，任务角色和维护角色都很重要。

任务群体：扮演任务角色的多而扮演维护角色的少。适合于应付紧急任务，但很容易瓦解。管理者应该多扮演维护角色以帮助群体发展为团队类型。

团队群体：任务角色和维护角色都很多。对于长期目标来说，团队群体是最有绩效的，这种群体的领导可以放心大胆地充分授权给下级。

人际群体：维护角色多，任务角色少。管理者扮演任务角色，以免成员自我陶醉，耽误任务完成。

无序群体：多数成员只顾自己，而很少关心任务及人际关系，是最没有绩效的群体，管理者需要既扮演任务角色，又扮演维护角色，一般是先着重任务角色，待群体有几次成功经验后，就可以削弱任务角色而更多地注意维护角色。图2-1是以任务和维护角色为维度的群体类型。

群体角色构成的群体类型

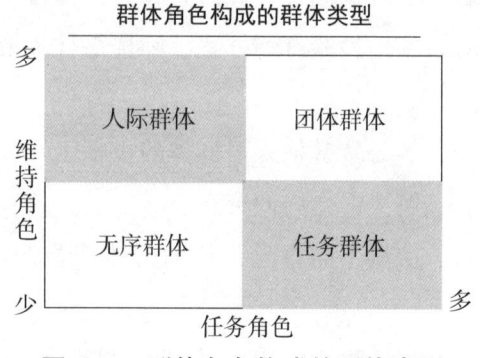

	任务角色少	任务角色多
维持角色多	人际群体	团体群体
维持角色少	无序群体	任务群体

图 2-1　群体角色构成的群体类型

二、规范

规范是指群体成员共同接受的一些行为标准，即在某种情境下群体对成员个体行为方式的期待。

群体规范有正式规范和非正式规范，前者是指由组织明文规定的员工应遵循的规则和程序；后者是指人们在工作与生活过程中约定俗成的行为准则，该规范的形成受历史的、习惯的、群体目的性的和社会因素的影响，同时也在很大程度上受到模仿、暗示、顺从等心理因素的制约，在群体成员彼此相互作用的条件下，发生的一种内化的过程。

一旦群体规范被群体成员所认可并接受，它们就会成为影响群体成员行为的重要手段，并且只需要很少的外部控制。

著名的霍桑实验

霍桑实验是管理心理学中的一个著名实验，是关于人群关系运动的实验研究。1924—1932年美国哈佛大学教授梅奥（Mayo, George Elton）主持的在美国芝加哥郊外的西方电器公司霍桑工厂所进行的一系列实验。

第一阶段：照明实验，研究车间灯光明暗度与生产效率的关系；

第二阶段：福利实验，研究福利待遇的变换与生产效率的关系；

第三阶段：访谈实验，了解工作绩效与在组织中的身份和地位，以及其他同事的关系有密切联系；

第四阶段：群体实验，观察在群体中人们之间的相互影响。

实验发现工人不是只受金钱刺激的"经济人"，而个人的态度在决定其行为方面起重要作用。在正式的组织中存在着自发形成的非正式群体，这种群体有自己特殊的行为规范，对人的行为起着调节和控制作用，同时也加强了内部的协作关系。

规范的主要类型

（1）绩效规范。工作群体通常会明确告诉其成员：他们应该如何努力地工作，怎样完成自己的工作任务，达到什么样的产出水平，怎样与别人沟通等。这类规范对员工个体的绩效影响极大，在很大程度上能够校正仅仅根据员工的能力和动机水平所做出的绩效预测。

（2）形象规范。在不同场合恰当地着装和行动，体现对群体或组织的忠诚感。通常分成半正式场合（如上班、午宴、一般性访问、高级会议和白天举行的较隆重活动等）、正式场合（宴会、正式会见、招待会、晚间的社交活动）及非正式场合（旅游、访友等）。

（3）群体规范为社交约定规范。这类规范来自非正式群体主要用于规定非正式群体中成员的相互作用。比如群体成员应该与谁共进午餐、工作内外的交友情况、社交活动等都受到这些规范的制约。

（4）资源分配规范。这类规范来自组织或群体内部主要涉及员工报酬分配、困难任务的安排，以及新型工具和设备的分发等。

三、地位

地位是指他人对于群体或群体成员的位置或层次的一种社会界定，是一种重压的激励因素，当个体认为自己对地位的认知与他人不一致时，就会促使个体做出重大的行为反应。

地位的三个决定因素分别为个体驾驭他人的权力、个体对组织目标的贡献程度、个体的个人特征。地位较高的成员具有更大的自由度可以偏离群体规范。地位高的人更加果断，他们经常发言，批评别人，经常打断别人，要求也更多；地位低的人参加集体讨论的积极性较低。当成员感觉到地位不公平时，群体就会产生冲突行为。

四、规模

群体规模与群体绩效并不必然成正比或正相关，7人左右的群体效率最好，最多不要超过10人；大群体（超过12人）的弊端有社会惰化明显、被少数人控制、决策时拖延时间等；大群体只有在搜集和发现信息很重要时，才有优势。社会惰化是指个体在群体中工作时不如单独一个人工作时更加努力的倾向。社会惰化的三个原因：个体相信其他人没有尽到应尽的职责，责任扩散及搭便车心理。

五、内聚力

内聚力也就是群体凝聚力，是指成员之间相互吸引及他们愿意留在组织中的程度。高内聚力群体的生产率高于低内聚力群体。

群体凝聚力的测量：评价群体内个体之间的吸引力；评价群体对个体的吸引力；评价群体成员与该群体接近和认同的程度；评价群体成员表示愿意留在群体内的意向。

影响群体凝聚力的因素：领导的要求与压力、成员的共同性、群体规模的大小、群体与外部的关系、成员对群体的依赖性、群体的地位、目标的实现、信息沟通的程度。

美国社会心理学家沙赫特（Schachter）研究证明，仅仅靠群体的凝聚力，不一定提高生产效率，只有加上积极的诱导，才能有助于生产效率的提高（见图2-2）。

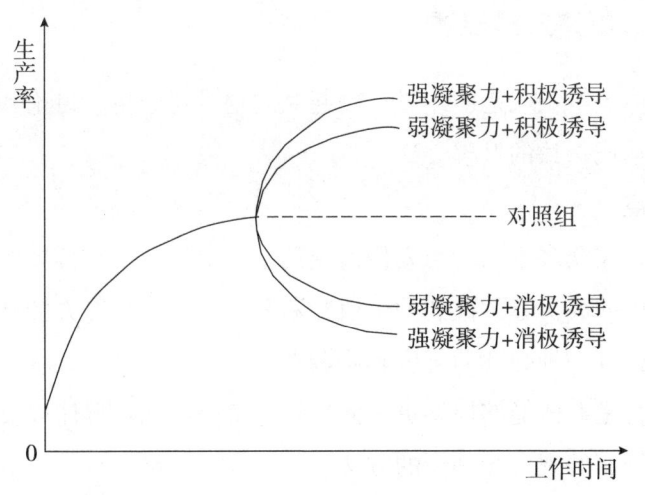

图2-2 生产率与工作时间的关系

美国著名的管理学教授罗宾斯（S. P. Robbins）的实验则证实了凝聚力的高低与生产率的关系还受控于群体的目标和组织目标的一致程度（见图2-3）。

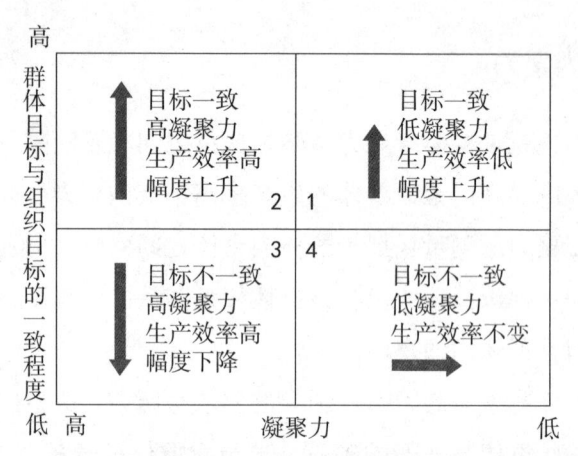

图 2-3　凝聚力与群体的目标和组织目标的一致程度的关系

第四节　群体决策、群体思维和群体极化

一、群体决策概述

群体决策：就是群体成员一起对问题进行分析、讨论和争议，缩小分歧和达成一致的过程。

特点

要求在众多不同的个人价值观的基础上形成一种群体的价值观；要求群体中的成员尊重彼此的价值判断和基准，欣赏对方的立场；要求群体成员拥有一种弹性的态度和协调性。

优势是群体能够提供更全面、更完整的信息；群体成员的异质性能带来多样化的观点和创新的方法。

劣势是群体决策会浪费时间；由于群体压力，群体讨论可能会被少数人控制局面；群体决策还受到责任不清的负面影响。

群体决策的效率总是低于个体决策。群体决策准确性低于个体中最准确的成员，但高于群体中的普通个体水平。

二、群体思维概述

群体思维：指由于群体中从众压力的影响，严重抑制了那些不同寻常的、由少数人提出的或不受欢迎的观点。

群体思维出现的条件：高度、明确的群体认同感；成员愿意维护群体的积极形象；成员感到群体的积极形象受到了威胁。群体思维的危害将导致群体可能做出比正常水平更多的错误决策，并可能导致灾难性结果。

特征

（1）对于会影响即将达成一致的意见的任何危险，成员都将其合理化去除，或者通过怀疑信息的来源来否定与决议不一致的信息。

（2）成员们对疑虑保持沉默，并试图将疑虑降到最小，提出反对意见的成员将会受到惩罚。

（3）成员们保护团队领导，使其不会接触到反对意见；因为发言最多的成员达成一致了，会认为团队也达成一致了。

（4）成员们相信，他们是能明辨是非的人，成员觉得团队过去的成功将继续。

三、群体极化概述

群体极化（Group Polarization），亦称"冒险转移"。指在群体决策中往往表现出一种极端化倾向，即或转向冒险一极，或转向保守一极。在早期的一项群体极化的研究中，要求被试者决定是接受有保证而没有兴趣的工作，还是接受有风险但有兴趣的工作。在每个被试者把自己的选择拿到群体中进行讨论后，再要求被试者决定他们的选择。结果发现，被试者如原来选择比较冒险的一端，则在群体讨论后更加冒险；如果原来的选择比较保守，则在群体讨论后更加保守。对产生的原因有多种解释，其中有两种理论得到较多研究的支持。

（1）说服论据理论，认为人们在听取别人支持自己原来立场的论据以后，会变得更相信自己的观点，从而采取更极端的立场。

（2）社会比较理论，认为人们通过把自己与他人做比较来评估自己的观点。当人们在群体讨论中发现别人与自己的观点相似时，他们不愿停留在一般水平上，而倾向于采取极端立场，以表明自己比一般水平更高一些。

群体极化：指群体讨论会使群体成员的观点向着更加极端的方向发展的倾向。在某些情况下，群体决策会比个体决策更加保守；更多情况下，群体决策会比个体决策更加冒险。

群体极化的原因：群体责任分散；维护个人形象；群体成员相互熟悉后，将变得更加勇敢和大胆。

阿希实验[①]

阿希从众实验是心理学家所罗门·阿希（Solomon Asch）在1956年进行的从众现象的经典性研究。

三垂线实验

实验旨在研究从众现象的具体表现、产生及其原因。该实验以大学生为被试，每组7人，坐成一排，其中6人为事先安排好的实验合作者，只有1人为真被试对象。实验者每次向大家出示两张卡片，其中一张画有标准线X，另一张画有三条直线A、B、C。X的长度明显地与A、B、C三条直线中的一条等长。实验者要求被试对象判断X线与A、B、C三条线中哪一条线等长。实验者指明的顺序总是把真实被试者安排在最后。第一、二次测试大家没有区别，第三至第十二次前6人被试按事先要求故意说错，借此观察被试的反应是否发生从众行为。实验表明，大约1/4到1/3的真被试者保持了独立性，没有发生过从众行为；所有真被试者平均从众行为是35%；大约有15%的被试者，从众行为的次数占实验判断次数的75%。

[①] 所罗门·阿希（Solomon Asch）在1956年进行了一系列被现在的心理学界认为是经典的心理学研究，并被心理学界作为一个专门名词"阿希实验"而记载在心理学的各类词典上。

德国科学家瑞格尔曼拉绳实验

参与测试者被分成四组，每组人数分别为1人、2人、3人和8人。瑞格尔曼要求各组用尽全力拉绳，同时用灵敏的测力器分别测量拉力。

测量结果：两人组的拉力只为一个单独拉绳时两个拉力总和的95%；三人组的拉力只是单独拉绳总和的85%；而八人组的拉力则降到单独拉绳时八人拉力总和的49%。

所得结论：1+1<2，即整体小于各部分之和。

请你们小组尝试三垂线实验和瑞格尔曼拉绳实验，你们的结论是什么

_____

_____

_____

_____

_____

通过这个实验，你认为群体决策有什么特点

_____

_____

_____

_____

_____

第五节　团队和群体的区别

群体的概念：两个以上相互作用又相互依赖的个体，为了实现某些特定目标而结合在一起的集合体。群体成员共享信息，做出决策，帮助

每个成员更好地担负起自己的责任。

群体就是互有关系、互相依赖到一定重要程度的人的集合。

团队首先是一个群体，在此基础上，其成员具有高度的相互依赖性和共同性。国内学者同样认为，团队是由更具有自主性、思考性和合作性的个体组成的群体。由此可见，作为同是由个体组成的集体，群体所涵盖的范围更广，而团队则是建立在群体基础之上的子集（见图2-4）。

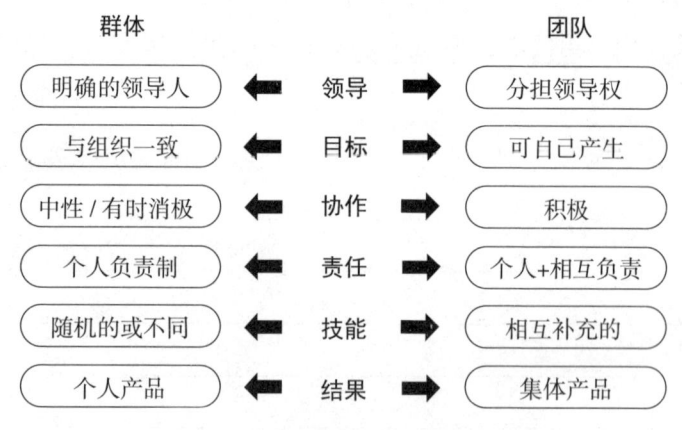

群体		团队
明确的领导人	← 领导 →	分担领导权
与组织一致	← 目标 →	可自己产生
中性/有时消极	← 协作 →	积极
个人负责制	← 责任 →	个人+相互负责
随机的或不同	← 技能 →	相互补充的
个人产品	← 结果 →	集体产品

图 2-4　群体与团队根本性的区别

团队和群体经常容易被混为一谈，但它们之间有根本性的区别，主要表现在以下六个方面。

（1）领导方面：作为群体应该有明确的领导人；团队则可能不一样，尤其团队发展到成熟阶段，成员共享决策权。

（2）目标方面：群体的目标必须跟组织保持一致，但团队中除此之外，还可以产生自己的目标。

（3）协作方面：协作性是群体和团队最根本的差异，群体的协作性可能是中等程度的，有时成员还有消极甚至对立；但团队中是一种齐心协力的气氛。

（4）责任方面：群体的领导者要负很大责任，而团队中除领导者要负责之外，每一个团队成员也要负责，甚至要一起相互作用，共同负责。

（5）技能方面：群体成员的技能可能是不同的，也可能是相同的，而团队成员的技能是相互补充的，把不同知识、技能和经验的人综合在一起，形成角色互补，从而达到整个团队的有效组合。

（6）结果方面：群体的绩效是每一个个体的绩效相加之和，团队的结果或绩效是由大家共向合作完成的产品。

群体向团队的过渡

从群体发展到真正的团队需要一个过程，需要一定的时间磨炼。这个过程分为以下几个阶段：第一阶段，由群体发展到所谓的伪团队，也可称为假团队；第二阶段，由假团队发展到潜在的团队，这时已经具备了团队的雏形；第三阶段，由潜在的团队发展为一个真正的团队，它具备了团队的一些基本特征。真正的团队距离高绩效的团队还比较遥远。

关于群体和团队的具体区别，美国著名创造力教学研究专家威廉姆斯用了四个维度来进行区分：期望、沟通、过程和亲密程度。在期望维度上，威廉姆斯认为团队的成员在参与、贡献、合作和支持方面有着比群体成员更高的期望值。在沟通维度上，威廉姆斯认为团队成员对沟通框架的要求比群体成员更高，并且团队成员也需要更快捷的沟通效果。在过程维度上，威廉姆斯认为团队成员的相互依赖性更强，但是在管理上的要求却要低于群体中的成员。在亲密程度这一维度上，威廉姆斯认为比较群体中的成员而言，团队成员间的亲密程度更高，虽然较高的亲密程度并不一定能够保证更高的效率和更好的结果（见图2-5）。

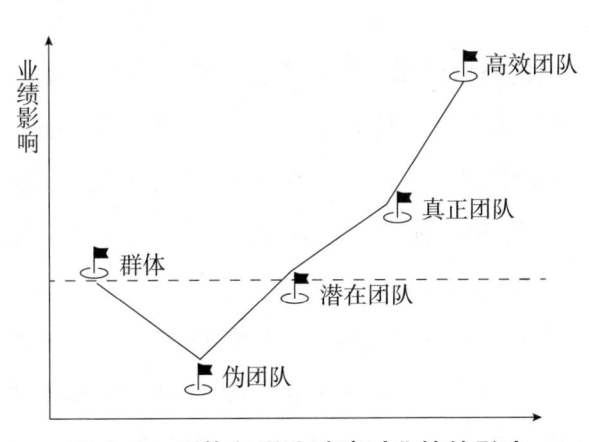

图2-5 群体向团队过渡对业绩的影响

威廉姆斯提出这四个维度的根据主要是他个人积累的丰富经验和管理与洞察能力。可以说，这四个维度比较综合地概括了群体与团队的不同。但是，对于每个维度中的具体指标（如果可能细分的话），威廉姆斯并没有给出明确的定义或者描述，而且这些维度的本身也只是相对浅层的集中概括，它们并没有充分展开，因此也不能发掘出团队与群体在更深层面的区别。比如，在期望维度，虽然威廉姆斯提到了其中的一些诸如参与、贡献、合作和支持等具体层面的不同，但是关于为什么会产生这些不同期望的原因，比如成员身份的认同，却没有提及，而对于希望进行团队建设的组织，那些关于团队区别于一般群体的更详细而明确的描述，则更具现实意义。

群体和团队的区别可以归纳到九个层面上，主要表现在目标定位、身份认同、技能组合、领导作用、成员关系、沟通方式、工作态度、协作能力、工作结果等方面。

（1）个体与集体目标定位。无论是群体还是团队，都可以定义为一个集体，而他们的组成单位则是构成集体的个体。作为集体中的个体，个人目标往往与集体目标不尽一致。这种差异性不可避免地会发生在群体和团队的成员身上。所不同的是，当这种情况发生时，群体成员会将个体目标放于集体目标之上，而团队成员则会将个体目标置于集体目标之下。

（2）成员的身份认同。根据威廉姆斯的分析，团队和群体的成员在参与、贡献、合作和支持方面具有不同的期望值。而导致这些不同期望的最主要的原因之一，就是个体成员对自己身份的认同：团队中的个体成员具有强烈的组织归属感和使命感，而一般群体中的成员则仅仅将自己定位为一名普通的成员。

（3）成员的技能组合。对于一般的群体而言，在其最初组建时所考虑的因素与组建团队所考虑的是不同的。通常一般的群体中成员的技能组合是随机产生的，并且在其后的工作中也往往处于相对静止的状态；而对于高效率的团队，在其组建时就已经充分利用了成员间的互补性，其后在磨合与运营的过程中，成员的技能组合更是呈现多元并且互为补充的状态。

（4）领导权力和作用。这一层面主要是讨论集体中的领导和领导人的作用。通常为了更好地达到组织的管理和运营目标，一般群体的领导权力更多地集中在少数的个体成员身上，他们的领导作用也因为其重要性而显得格外突出；但是对于团队而言，这种情况则是反方向的：越是高效的团队，其组织内的领导权力越是呈下放的趋势，并且领导权力的作用也因此而逐步减少和弱化。

（5）成员之间的关系与沟通。这一层面的内容包括具体的交流方式、成员间的信任度及发表意见的多少等几个方面。在一般的群体，成员间的交流往往是非正式的和不充分的，彼此之间不够了解，也缺乏信任，沟通的渠道少而不畅；而团队成员间的沟通却是多样而充分的，并且越是高效的团队，其成员间的互相信任程度也就越高，因此团队更鼓励成员发表不同的意见和建议。

（6）成员工作的主动性。这一层面和前面提到的成员身份的认同与相互间的期望有很大的关系。作为一般群体中的个体，成员往往是比较被动地接受领导所安排的任务，并且在创新方面不会有更多的想法，或者即使有也不愿意去实施；而对于团队中的个体，其工作的态度是积极主动的，在其工作的过程中愿意进行不同的尝试来提高工作效率，推进更有效的运行方式。

（7）集体的行动方式。这一层面主要是讨论集体中统一或者协调活动时所呈现出的状态。在一般的群体中，集体行动通常是由领导者统一安排的全部个体行为的简单组合，行为没有或很少能够产生协作；但是，团队的集体行动则是具有严密分工与合作的集体协作，每个成员的个体行动都是完整的集体中重要的有机成分，并且集体力量的发挥高度依赖于个体的相互支持和配合。

（8）个体对集体的决定。与前面提到的领导的权力和作用具有很强的反向相关性的是，个体在集体决定方面所扮演的角色和所起到的具体作用。在一般的群体中，个体成员往往极少有机会参与关于整个集体的决策，因而每一个单独的个体所扮演的角色并不是很重要；但是，对于团队中的成员，每一分子都可以参与任何影响团队的决策，并在各种决策中扮演重要的角色。

(9) 集体的工作结果。这一层面的表现也是衡量其是否算得上是真正的团队的最重要依据之一。对于一般意义上的群体，其集体工作的结果通常是小于个体成绩的总和的。在进行集体工作的过程中，往往有大量的个体成绩要在组织内部耗掉，所以集体成绩最多也不过是个体结果的累积。但是，对于一个团队，其集体工作的结果是要大于全部个体成绩的总和的。因为个体成员所扮演的角色和所起到的作用与原来单独的个体角色和作用有了本质的区别，高效的团队所产生出的效果通常可以数倍，甚至是数十倍地高于单个个体工作结果的总和。

熟悉这些不同的层面和每一层面上的具体区别，可以帮助管理者更好地分析所管理的集体的实际状态。对于那些旨在进行团队建设的集体，更可以根据各自的实际情况设定好在每一个层面上所要达到的具体目标，从而让团队建设更加有的放矢。根据普通的群体和高效的团队在这些层面上的差距，还可以制定出更具体的评估指标，而那些细化了的指标则可以作为检验团队建设是否成功的有效衡量尺度。

第三章 团队工作方法

第一节 头脑风暴法

头脑风暴法是鼓励在小组中进行创造性思维的最常用方法。

头脑风暴法（Brain Storming）由美国BBDO广告公司奥斯本首创。该方法主要由价值工程工作小组人员在正常融洽和不受任何限制的气氛中以会议形式进行讨论、座谈，打破常规，积极思考，畅所欲言，充分发表看法。

头脑风暴法倡导无限制的自由联想和讨论，其目的在于产生新观念或激发创新设想。在群体决策中，由于受群体成员心理相互作用影响，易屈于权威或大多数人意见，形成所谓的"群体思维"。群体思维削弱了群体的批判精神和创造力，损害了决策的质量。为了保证群体决策的创造性，提高决策质量，管理上发展了一系列改善群体决策的方法，头脑风暴法是较为典型的一个。

一、头脑风暴法

头脑风暴讨论小组参加人数一般为6~12人，最好由不同专业或不同岗位的人组成（见图3-1）。会议时间控制在一小时左右。设主持人一名。主持人只主持会议，对任何人提出的设想都不做评论。设记录员1~2人，要求认真地将与会者每一设想不论好坏都完整地记录下来，通过讨论小组的头脑风暴实现以下目标。

- 想出许许多多主意。
- 列出一长串创造性解决办法，从中选出有希望的方案。

- 克服创造性思考时受到的限制。

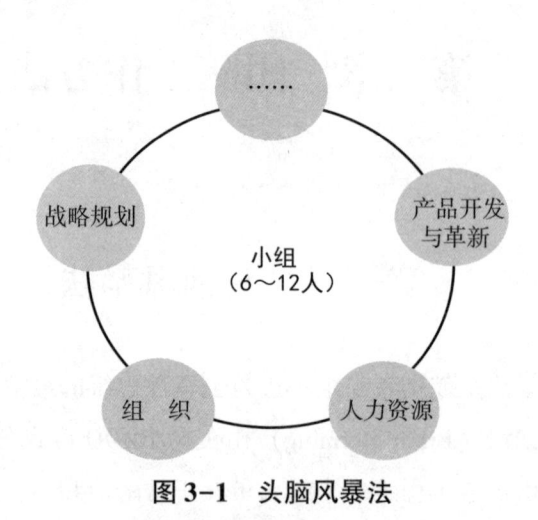

图 3-1 头脑风暴法

二、头脑风暴法的类别和特点

(一) 无组织的头脑风暴法

优点

- 更自然。
- 节省时间。
- 组内沟通和小组荣誉感增强。

缺点

- 产生的观点较少。
- 思索过程更易受他人观点影响。
- 进攻性人物会支配整个会议。
- 不允许对复杂问题深入思索。

(二) 有组织的头脑风暴法

优点

- 产生更多的观点。
- 更好地运用每人独特的思维方式。

- 减少进攻性人物支配会议的可能性。
- 给予更多的时间思考复杂问题的解决方法。

缺点
- 不自然。
- 费时。
- 组内沟通和小组荣誉感不强，因此，必须根据不同的情况采取不同的方法。

三、头脑风暴法的作用

- 用于产生大量观点或可选方案的方法。与其他方法相比，它激发更多的观点和更好的建议。
- 尝试充分运用所有员工的创造力。
- 思维共振的方法。
- 维持批判精神的群体决策方法。
- 可以打破群体思维的方法。
- 保证了群体决策创造性的方法。
- 提高决策质量的方法。
- 要求参加者具有较高的联想思维。

产生大量的可选择方案后，就有更好的机会发掘更多的观点来帮助解决问题。

四、头脑风暴法的使用

- 个人使用。
- 小组使用。
- 在制订因果表时预估可能的原因。
- 产生可能的解决问题（常用于解决问题树中的某一个节点）。
- 预测实施解决问题方案时可能遇到的阻碍。
- 可利用即时通信工具进行 Brain Storming，用于解决问题树中的某一个节点,不要离题太远,不要太深入(见图3-2、图3-3)。

确认要讨论的问题 → 准备会场 → 组织人员 → 宣布主题 → Brain Storming → 整理问题,找出重点问题 → 会后评价

图 3-2　Brain Storming 的流程

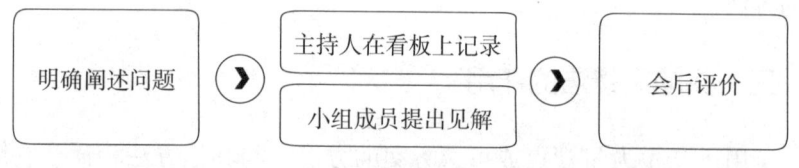

明确阐述问题 → 主持人在看板上记录 / 小组成员提出见解 → 会后评价

· 介绍问题
· 如组员感到困惑,可做一简单练习

· 指定一人在看板上记录所有见解
· 鼓励成员自由提出见解

· 会后以鉴别的眼光讨论所有列出的见解
· 也可以让一组人来评价

图 3-3　从明确问题到会后评价,头脑风暴法的三个阶段

五、头脑风暴法的实施步骤

(1)重温头脑风暴法的步骤与规则。

(2)在活页纸或黑板上记下将要讨论的问题或议项,这样每人都能准确理解会议的中心议题。

(3)发表意见。

(一)无组织的头脑风暴法

• 每人随意发表意见。

• 在活页纸或黑板上记下每一条建议;所有的建议应随时可见。

• 如果人们运用头脑风暴法讨论或评价某一条意见时,主持人应提醒他们遵守规则。

• 当小组无意见发表时,主持人应设法激发更多的观点,如:"如果钱不成问题呢?"或"我们怎样综合这些意见呢?"

• 当无新的意见产生时,如果必要,应要求组员解释、确认先前发表的意见。

（二）有组织的头脑风暴法

- 每人用头脑风暴法独自写下尽可能多的建议。
- 每人轮流发表一条意见。
- 在活页纸或黑板上记下每一条意见；所有的意见应随时可见。
- 若讨论或评价某一条意见时，主持人应提醒他们注意规则。
- 在继续轮流发言时，若无意见，则说"通过"。轮流发言直至人人皆无意见为止。
- 必要时，主持人应设法激发更多的观点。
- 若无新的意见产生，如果必要，可要求组员解释、确认先前发表的意见。

这些步骤完成后，结束头脑风暴法，用其他的分析工具来正式评价这些观点的质量和有效性。

六、头脑风暴法的规则

规则一　不许评价，要到评估阶段才能进行评价。

规则二　异想天开，说出能想到的任何主意。

规则三　越多越好，重数量而非质量。

规则四　见解无专利，鼓励综合数种见解或他人见解上进行发挥。

（一）场地的大小

- 较集中的封闭空间（15平方米）。
- 装饰简单。
- 足够的白板，可以记录。
- 供应茶水。

（二）人员的组成

6~12人，有主持人、记录员。

（三）主持人的要求

- 对主题有深刻的理解。
- 不独断、有激情，能控制场面和进度。

- 会戴 2 顶帽子，一顶帽子充当主持人，一顶帽子充当参与者。
- 有引导能力。

（四）引导技巧

- 随时记录，不漏项。
- 打断循环，从一点开始讨论。
- 思维发散，但主题不发散。
- 鼓励发言，禁止评论。
- 限制时间（10~60 分钟）。
- 降低妄加评论的负面影响。
- 如果进行评论，许多人就会变得更加拘谨。他们未发表的意见或许非常好，或许可以激发别人的好意见。
- 人们花费在评论上的精力未能用在产生好意见的现实任务上。

Brain Storming 之后

- 合并问题的同类项。
- 对问题进行排序。
- 组合问题。
- 评论问题，认证问题的可行性。

课堂演习：大学是否可以拆掉围墙？尝试"脑暴"中"七大原则"——暂缓评论，异想天开，借"题"发挥，不要离题，一人一次发挥，图文并茂，多多益善。

第二节　六顶思考帽

其实在一些争论中，争论的双方常常都是对的，但他们分别只看到事物的某一侧面（见图3-4）。

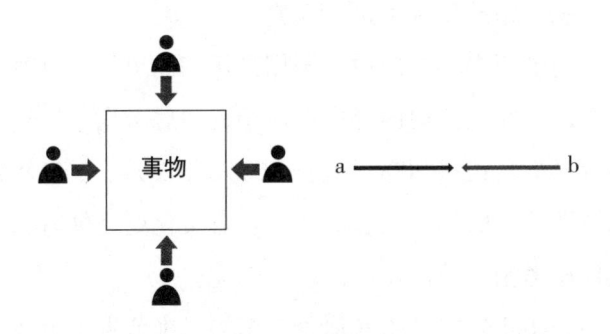

图 3-4　对抗性思维

平行思维：同一个时间同时从一个角度和侧面进行思考（见图3-5）。

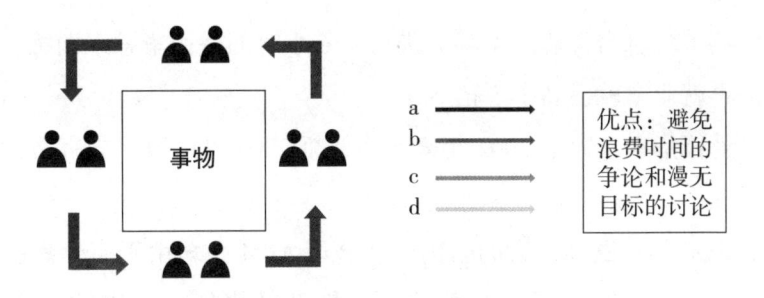

图 3-5　平行性思维

六顶思考帽方法：用平行性思维替代了对抗性思维。

爱德华·德·波诺博士是《六顶思考帽》的创作人。英籍马尔他人，牛津、剑桥与哈佛教授，至今写过62本书，被译成37种文字。2002年入选21世纪尚健在的全球前50位管理大师。

在世界企业界和教育界拥有举足轻重的影响。被誉为"创新思维之父"。

他所开发的这些有关思维训练的方法不是讲理论,而是具体的操作方法。

哪些企业在使用六顶思考帽

波音公司将六顶思考帽的思想引入员工谈判中,成功避免了一次罢工;后来又用同样的方法阻止了罢工;第三次出现矛盾后,公司要求,不是用六顶思考帽的思维不进行谈判。

杜邦公司创新中心专门设立了用爱德华的思维工具改变企业文化的课题进行探讨,并在公司内部广泛应用六顶思考帽。

麦当劳日本公司从 2000 年初至 2001 年 2 月,800 名员工参加六顶思考帽思维训练,取得了显著成效,企业文化更有创造激情,员工之间减少了黑色思考帽的消极作用。

挪威的 Statoil 公司,用六顶思考帽的思维节省了 1000 万美元成本。

在加拿大,MDS 公司运用水平思考节省了 2000 万美元的成本。

在英国,四频道在接受了爱德华的训练后,创意人员 2 天内提出的想法比以往 6 个月还要多。

英国政府为失业的年轻人进行了 6 小时的爱德华思维训练,失业人员的再就业率就提高了 5 倍。

爱德华本人曾于 2002 年来华为北京 2008 奥运组委会官员做水平思考训练。

1996 年,欧洲最大的牛肉生产公司 ABM 公司由于疯牛病引起的恐慌,一夜之间丧失了 80% 的收入。借助爱德华·波诺的《六顶思考帽》,12 个人用 60 分钟想出了 30 个降低成本的方法和 35 个营销创意,将它们用黄色帽子和黑色帽子归类,筛选掉无用的创意后还剩下 25 个创意。靠着这 25 个创意,ABM 公司度过 6 星期没有收入的艰难困苦的日子。

为什么要用帽子来比喻

帽子和大脑直接相关,"思维"和"帽子"之间有传统意义上的联系。

- 使平行思维实用、易记。
- 用颜色加以区别，希望你可以像换帽子一样轻易地转变思考类型。
- 帽子象征着某种角色（见图3-6）。

白帽：资料与信息

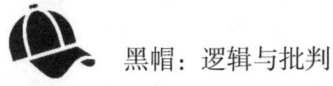

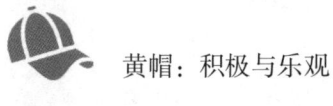

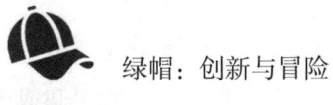

红帽：直觉与感情

黑帽：逻辑与批判

黄帽：积极与乐观

绿帽：创新与冒险

蓝帽：系统与控制

图3-6 六顶思考帽

一、白色帽子

由于当下人们流行控制食欲，并且为了健康着想，某一年美国火鸡的销售量提高了25%。市场调研显示，人们购买火鸡肉的原因是他们认为其胆固醇较低。

提问：哪些信息属于事实与数据

事实一：某一年美国火鸡的销售量提高了25%。

事实二：市场调研显示，人们购买火鸡肉的原因是他们认为其胆固醇较低。

白帽
- 我们知道些什么信息？
- 我们还需要知道些什么数据？

白色代表中性和客观。

白色思考帽子思考的是客观的事实和数据。

数据
- 今天气温是零下4摄氏度。
- 美国的犯罪率为10%。
- 房地产消费指数下降15%。
- 公司的流动率为20%。

事实
- 停车场停了75辆车——可供验证。
- 这项措施对提高医院护理质量起到重要作用——有待验证。
- 有许多所谓事实只是来自个人的信仰或者信念的陈述，但不可能以科学实验去一一验证一切事物。

所以我们建立一个双层次的事实系统：验证的事实、有待验证的事实。有待验证的事实可以被应用到白色思考帽之中，但我们必须清楚，这些是次级的事实。

白色帽子思考要点：
- 像一台按照指令给出事实和数据的电脑。
- 需要信息的人，采取集中式提问方法来获取信息，补充资料空缺。
- 双层次的事实系统，决策的基础事实必须事先验证（见图3-7）。

单独使用

- 评价新情况
- 影响决定
- 打消不切实际的念头
- 预先计划
- 解决争端
- 谈判

图 3-7　白色帽子思考要点

二、红色帽子

红色帽子：代表感觉、情绪、直觉和预感。

红帽
- 感觉
- 情绪
- 直觉
- 预感

红帽的思考者提供的是感性的看法，不必做任何解释和修正。

- 可以与中立客观的信息完全相反。
- 仅仅是个人预感、直觉和印象。
- 不需要理由和根据。
- 价值——使情绪与感觉成为思考的重要部分。

红色帽子：

"我觉得这个人是这项工作的最佳人选。"

"如果让我戴上红色思考帽，我会说，你提出来的条件只是为了自己的利益，而不是为大家着想。"

"作为成员之一，我感觉我们在倒退。"

"这时要我接受这个想法还有些困难。"

"我感觉在这种情况下没有赢的希望，我们还是放弃吧。"

"我预感这个患者今晚很难度过。"

如果你的直觉是对的,你可以循着它去分析判断。

红色帽子思考要点(见图 3-8):

- 时间限定在 3~30 秒内。
- 允许表达自己的感觉、预感和直觉。
- 无须论证或说明理由。
- 可以作为决策思考的一部分。
- 可以在做出决定之后使用。

单独使用

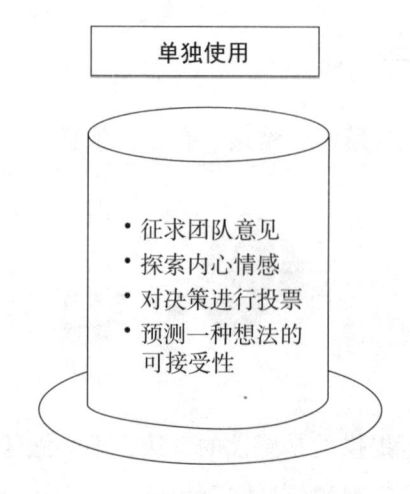

- 征求团队意见
- 探索内心情感
- 对决策进行投票
- 预测一种想法的可接受性

图 3-8　红色帽子思考要点

三、黑色帽子和黄色帽子

黑色帽子:"哎呀!不够了,只剩下半杯水了。"代表警告、困难、问题、风险。

黑帽
- 警告
- 困难
- 问题
- 风险

黄色帽子:"这杯水并不是半空的,而是半满的。"

白色帽子："杯子里有半杯水。"

黑色帽子的思考方向：

- 可能存在的问题是什么？
- 会遇到什么样的困难？
- 警告的关键点是什么？
- 有什么风险？

但是它一定是具有理性的阴暗面。黑色帽子思路总是带有逻辑和理性的。它消极而且缺乏情感，只看事物的阴暗面。

黑色思考帽和黄色思考帽其实是一对相应的帽子，它们必须是有逻辑的。

当戴上黑色思考帽的时候，比如他说："不行，这件事情有问题。"那我们一定要追问他："为什么有问题？是什么样的问题？为什么你认为这个有问题？支持你这个想法的原因是什么？理由是什么？"所以它必须是有逻辑的（见图3-9）。

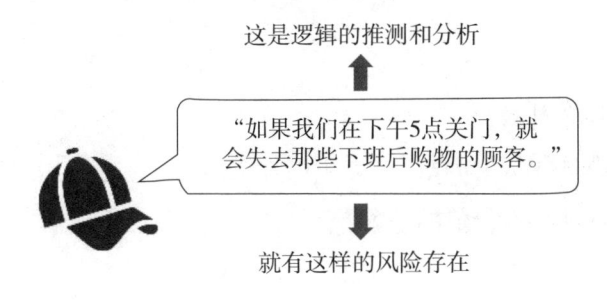

图 3-9 黑帽子的想法

黑色帽子思考要点（见图 3-10）：

- 帮助我们做出最佳决策。
- 指出遇到的困难。
- 弄清为什么某个事件失效。
- 一定要对所关注的问题给出合乎逻辑的理由。
- 有时也许会给出一些在白帽思考中也出现的信息。
- 用在黄帽思考之后，则是一个强大的评估工具。
- 和绿帽一起使用时，能提供改进和解决问题的方法。

单独使用

- 避免错误
- 变化评估
- 检查可行性
- 谈判

图 3-10　黑色帽子思考要点

黄色帽子的思考方向

黄帽
- 利益
- 乐观
- 价值

- 有什么利益？
- 有哪些积极的因素？
- 存在哪些有价值的地方？
- 这个理念有没有什么特别吸引人的地方？
- 这样可行吗？

黄色帽子代表正面积极乐观的思考，专注于事物的正面，追求好事成真的结果的建设性思考（见图 3-11）。

"随着中国社会经济的发展，社区医疗具有广阔的前景。"

这种正面的评估，建立在可靠的消息和经验之上，有理由相信，然而关键在于乐观后的行动。

"我肯定总有一天我会中得500万元头奖。"

这一积极乐观的想法，就极有可能沦为空想，它满怀期望，但中奖概率过低，没有过硬的逻辑依据，除非奇迹发生。

图 3-11　黄帽子的想法

人类的进步正是依靠这种想让事情成功的欲望。

黄色思考帽给我们积极乐观的思考机制，但乐观会变成愚蠢和空想吗？

黄色思考帽有没有限度？

黄色帽子思考要点（见图 3-12）：

- 需要深思熟虑，有逻辑关系和相应依据，理由充分
- 对黑帽思维做出补充
- 强化了创造性方法和新的思维方向
- 必须给出理由

当黄帽和黑帽思维一起使用时，是一个强大的评估工具。

图 3-12　黄色帽子思考要点

分组练习

在 4 分钟内，分别用黑色和黄色思考帽写出尽可能多的思考结果。

1. **实行一周四天工作制**

思考结果：

2. 全面禁放烟花爆竹

思考结果：

3. 禁止办公室恋情

思考结果：

4. 对大学教师实行末位淘汰制

思考结果：

四、绿色帽子

桌面上有六只杯子，从左向右，前三只杯子有水，后三只杯子是空的。用 A 表示有水的杯子，B 表示没有水的杯子，则水依次排列为

AAABBB，如何只移动一只杯子，让排列变为 ABABAB？那如何变成 BABABA 呢？

关于对大学教师实行末位淘汰制。

除了末位淘汰制还有没有别的可选方案？还有没有更好的方法？既然现在已经在用末位淘汰制了，我们怎么样才能克服刚才戴黑帽子提出来的困难呢？

绿帽
- 生长
- 想法
- 创造力
- 可选方案

绿色是植物的颜色，一讲到绿色你脑海里就会浮现一颗嫩绿的幼苗，它代表生命力和创造力。

所以绿色思考帽的思考方向就是创新思维、解决方案。

绿色帽子的想法（见 3-13）。

"下面是我的绿帽意见。我们可以雇一名新的项目经理；再次培训现有的员工；或外部采办这项工作。"

"我有一个绿帽想法；挖一条隧道来代替建一座桥。"

图 3-13　绿色帽子的想法

绿色帽子思考要点（见图 3-14）：
- 寻求新想法
- 改正缺点
- 为"创造"提供时间和空间

平衡黑帽思维的主导地位

单独使用

- 向自满挑战
- 寻求改进
- 寻求更多新方法和新理念
- 摆脱束缚

图 3-14　绿色帽子思考要点

五、蓝色帽子

蓝色是天空的颜色，对思考的组织、对思考的主持、对思考过程进行控制及对所有一切思维的思考。

蓝帽
- 组织
- 主持
- 过程控制
- 对思维的思考

蓝色帽子的想法（见图3-15）。

"绿帽思考时间到此为止，如果还有更多的想法，可以再延长2分钟。"

"让我们用30秒时间很快地进行一下红帽思考"

"现在进行白帽思考，限时4分钟。"

时间的控制

老李，你一直在重复同样的观点。我认为我们应该试试别的可行性。就是说，我们要探究，而不要争论。

我们开始先用蓝色帽子思考法来设计一个我们要遵循的程序。

对思考形式做约束　　对思考过程的控制

图3-15　蓝色帽子的想法

什么人应该使用蓝色帽子

- 会议负责人
- 会议记录员

- 会议的其他参与人

蓝色帽子思考要点（见图3-16）：

- 是一顶主持人的帽子
- 团队里的任何成员都可以戴
- 集中和再集中思考
- 处理对特定种类思考的需求
- 指出不合适的意见
- 要求做出总结
- 促使团队做出决策

单独使用
- 在争论中提供思维架构
- 探寻主题
- 保持思维轨迹
- 要求结果
- 设定时间限制

图3-16　蓝色帽子思考要点

六、六顶思考帽的使用

什么时候使用六顶思考帽工具？如下所述。

- 参与者各持己见，互不相让的时候。
- 讨论散漫，不围绕主题，无法得出明确结论的时候。
- 时间紧迫，一定要做决定。

六顶思考帽使用场景如图3-17所示。

个人　　　　　会议　　　　　交谈、沟通

备忘录　　　　E-mail 信函　　计划书

图 3-17　六项思考帽使用场景

六项思考帽序列的使用原则

没有绝对正确的使用序列。

六帽在序列中可多次使用或不使用。

充分使用简单的短序列。

讨论：

如何使用六项思考帽

第三节　ASK 人才模型

一、何谓"ASK"模型

人才必须具备的各项素质：知识、技能、态度，首重态度。

ASK 包含了三个内容即 A（态度）、S（技能）和 K（知识），具体的培训工作围绕这三方面展开，人才的评估也围绕这三方面，并且在态度、技能、知识三者中，首重态度。态度好的，着重培养，首选任用。

A（Attitude）态度：指一个人的品德、职业精神、做事态度、对工作的负责程度、敬业精神。我们认为一个人的品德、观念与其成长的环境密切相关，一个人对组织贡献程度的决定因素往往不是他的能力，而是他做事的态度。态度不好的人，能力越强，破坏性就越大。

S（Skill）技能：岗位所需的技能，不管处于什么岗位，都要能承担起岗位职责，要具备处理岗位工作的能力，解决问题，产生绩效。因此在A、S、K三者中是处于第二位的，在员工态度没有问题的情况下，我们要加强技能的训练，以满足公司项目与工作的需求。技能培训采用大量的OJT方式，通过一对一或一对多的师带徒方式提升员工的技能。

K（Knowledge）知识：包含岗位的基础知识，加强知识的学习，积极为岗位的发展储备知识。为了达到厚积薄发的目的，公司开展大量的知识分享活动，通过分享有效地拓展员工的知识面与工作视野，为将来的发展打下基础。通过分享，公司形成了大量的知识积累，包括书籍、电子书、视频光盘等。

ASK既是培训工作的指导，又是培训工作内容，更是人才选拔的标准（见图3-18）。

A 态度
- 认同公司的企业文化。
- 认同公司的流程。
- 认同公司的团队。
- 工作就是事业。
- 承担责任、自动自发。
- 业绩是硬道理。

- 服从与执行。

- 信心、决心、恒心。

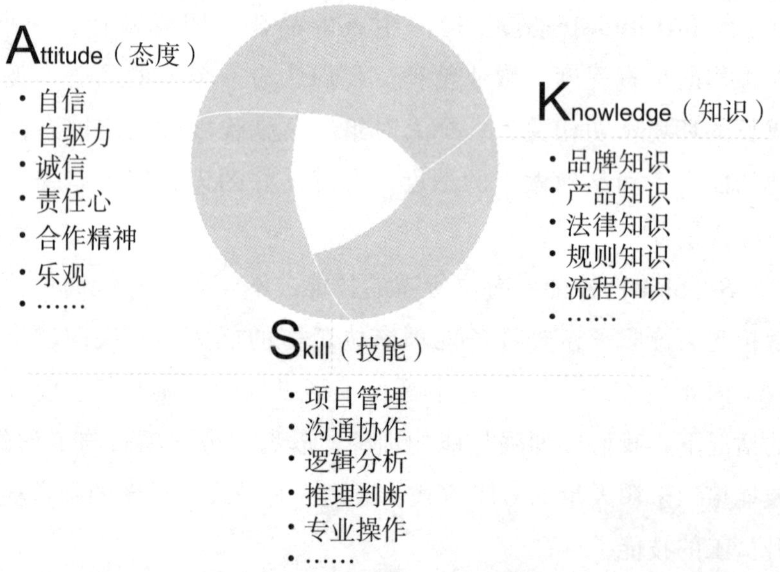

Attitude（态度）
- 自信
- 自驱力
- 诚信
- 责任心
- 合作精神
- 乐观
- ……

Knowledge（知识）
- 品牌知识
- 产品知识
- 法律知识
- 规则知识
- 流程知识
- ……

Skill（技能）
- 项目管理
- 沟通协作
- 逻辑分析
- 推理判断
- 专业操作
- ……

图 3-18　"ASK"模型

S 技能

- 目标管理与工作规划技巧。

- 人际沟通与谈判技巧。

- 电话营销技巧。

- 演讲与演示技巧。

- 客户关系管理技巧。

- 流程管理技巧。

- 项目管理技巧等。

K 知识

- 人事、行政各种规章制度。

- 相关法律常识及行业知识。

- 公司产品及服务知识。

- 公司架构及部门/岗位职责。
- 公司运作流程知识。
- 电脑应用知识、礼仪知识。
- 岗位要求其他的专业知识。

从表面上看,个人业绩的优劣只是一个结果。这其中诚然有机遇、运气等因素的影响,但更多是因个人的态度、知识和技能的有效发挥(见图3-19)。

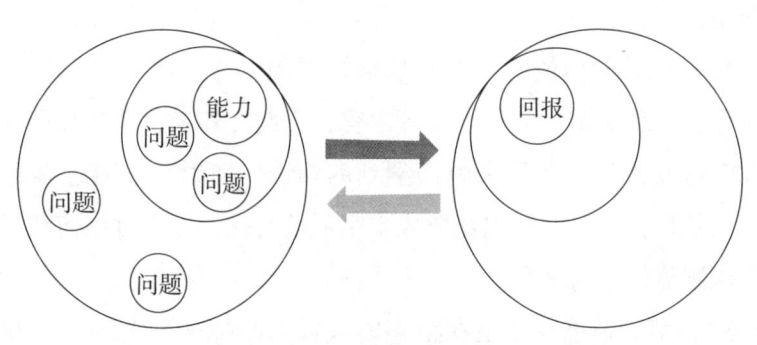

图 3-19 能力与回报的关系

结论:

克服困难、解决问题的人,其能力也在随着解决问题的过程而逐渐增强,如此,他的回报也会因此而提升。

- 是在问题中寻找成长的机遇,而不是在机遇中寻找问题!

二、基于 ASK 模型的能力培训

在培训中有一个 ASK 培训模型,即人才需要具备的三项素质:A-态度,S-技能,K-知识。具体的培训工作及人才评估也会按照这三个方面来开展,态度通常被看作是着重培养和任用的首选要素。然而,随着市场对于员工能力的要求越来越高,简单的 ASK 培训模型已经不再完全符合现实发展的需要。人才培养工作不再是某一个点,也不再是一些点的简单串联,而是变成了一个复杂的面。因此,对于培训的要求也有了一些新的侧重内容。

1. 认知。认知不同于态度，态度是员工对特定事物的一种心理倾向，而认知是员工对于事物的认识过程。曾经我们认为态度是最基础、最重要的，作为工作中很多关键参考点。但现在来看，工作中不乏态度很好的同事，也很愿意学习，可是成长很慢，往往就是因为认知的层级问题，对现实认识不够，不知道如何去提升自己。认知是培训的起点，也是对需求的理解，包括对于组织和自我的认知。正是组织的要求，与自我能力之间的差距，即通常所说的绩效偏差，决定了我们所要培训的方向是什么。

2. 知识。即岗位所需要的基础知识的学习，比如说公司文化、业务流程、产品知识、岗位职责等内容，除此之外，也包括我们在外边公开课学习或者聘请老师来内训学到的知识。知识可以通过多种渠道获取，尤其是在互联网知识获取成本很低的时代，但同时如何获得有价值的知识则显得尤为重要。

3. 情境。情境往往是在很多时候被忽略掉的一个环节。知识如何转化为技能，情境很重要，也就是工作岗位上的多次实践，不再单单是停留在学到的某一个案例，或者老师模拟的某一个情境，而是企业中真实的工作场景。在这个环节，培训工作者往往需要的是创造机会、制订计划、跟进与督促员工，将所学内容应用于实践，实现从知识到行为的转化。

4. 技能。即岗位所需要的技能，不管处于什么样的岗位，我们都需要让自己具备胜任岗位的各种能力，如沟通协调能力、数据分析能力、团队协作能力等。通过参加各种课程学习，我们获取关键的知识，如理论、方法与工具，只有在工作中不断去运用、实践，不断发现问题、解决问题、优化方法，将知识内化成自己的工作技能，才能提升组织绩效。

讨论：

以下观点你最认同的是哪一条？为什么

（1）我要正视困难，而不是逃避。

(2) 突破困难会让我们的能力成几倍提升。

(3) 成功的人都是面对困难而越挫越勇。

(4) 如果你的工作没有困难，那么让给扫地阿姨做吧。

(5) 只有烧不死的火鸡才能变凤凰，烧死的就烧死了。

(6) 公司必须关注结果，而不是任务。

(7) 业绩不好而又牢骚满腹是对公司最大的伤害。

讨论结果：

_____

_____

_____

_____

第四章　高效团队

其实我只想说，没有完美的个人，只有完美的团队。我之所以能成为世界首富靠得是来自世界各地的58000名优秀的天才组成的团队！

——比尔·盖茨

第一节　高效团队的概念

一、高效团队的主要特征

（一）清晰的目标

高效的团队对所要达到的目标有清楚的了解，并坚信这一目标包含着重大的意义和价值。而且，这种目标的重要性还激励着团队成员把个人目标升华到群体目标中去。在有效的团队中，成员愿意为团队目标做出承诺，清楚地知道他们应该做什么工作，以及他们怎样共同工作直至最后完成任务。

（二）相关的技能

高效的团队是由一群有能力的成员组成的。他们具备实现理想目标所必需的技术和能力，而且相互之间有能够良好合作的个性品质，从而出色地完成任务。后者尤其重要，但却常常被人们忽视。有精湛技术能力的人并不一定就有处理群体内关系的高超技巧，高效团队的成员则往往兼而有之。

（三）相互的信任

成员间相互信任是高效团队的显著特征，也就是说，每个成员对其他人的品行和能力都确信不疑。在日常的人际关系中，信任是相当脆弱的，需要花大量的时间去培养，而且很容易被破坏。只有信任他人，才能换来被他人的信任。所以，维持群体内的相互信任，需要引起管理层足够的重视。

组织文化和管理层的行为对形成相互信任的团队内氛围很有影响。如果组织崇尚开放、诚实、协作的办事原则，同时鼓励员工的参与和自主性，就比较容易形成信任的环境。表4-1列出了六条建议，能够帮助管理者建立和维持信任的行为。

表4-1　帮助管理者建立和维持信任的行为六条建议

1. 一贯性和可预见性	如果管理者做事始终如一、可以预测、前后不矛盾，并且经常向员工解释各种决策和行动，就会在员工心中激发起更大的信任
2. 正直诚信	为了赢得信任，管理者必须在行动中体现诚信，也就是说，他们的行动必须符合道德准则。这意味着管理者不能说空话，要做到言出必行，而且是切切实实的行动
3. 公开沟通	这是信任关系的另一个基本变量。不管真相会多么令人不快，管理者也决不能向员工隐瞒，如果管理者只是一味地回避问题，员工就更有可能自行其是，或者干脆跳槽
4. 分派工作和授权	把工作分派给员工，并且授权给他们，这样做也能激发信任
5. 关爱员工	如果管理者对员工表现出真正的关切，留意他们如何融入团队，就更有可能赢得员工的信任，在这一点上，同理心最能帮助管理者激发员工的信任
6. 忠诚	为了保持所建立的信任，管理者必须对员工表现出忠诚。当员工的工作遭到外界质疑时，管理者应该站在他们这一边，为他们辩护

（四）一致的承诺

高效的团队成员对团队表现出高度的忠诚和承诺，为了能使团队获得成功，他们愿意去做任何事情。这种忠诚和奉献可称为一致的承诺。

对成功团队的研究发现，团队成员对他们的群体具有认同感，他们把自己属于该群体的身份看作是自我的一个重要方面。因此，承诺一致的特征表现为对群体目标的奉献精神，愿意为实现这一目标而调动和发挥自己的最大潜能。

（五）良好的沟通

毋庸置疑，这是高效团队一个必不可少的特点。群体成员通过畅通的渠道交流信息，包括各种言语和非言语信息。此外，管理层与团队成员之间健康的信息反馈也是良好沟通的重要特征，有助于管理者指导团队成员的行动、消除误解。就像一对已经共同生活多年、感情深厚的夫妇那样，高效团队中的成员能迅速而准确地了解彼此的想法和情感。

（六）谈判技能

以个体为基础进行工作设计时，员工的角色由工作说明、工作纪律、工作程序及其他一些正式文件明确规定。但对于高效的团队来说，其成员角色具有灵活多变性，总在不断地进行调整。这就需要成员具备充分的谈判技能。由于团队中的问题和关系时常变换，成员必须能面对和应付这种情况。

（七）恰当的领导

有效的领导者能够让团队跟随自己共同渡过最艰难的时期，因为他能为团队指明前途所在。他们向成员阐明变革的可能性，鼓舞团队成员的自信心，帮助他们更充分地了解自己的潜力。

优秀的领导者不一定非得指示或控制，高效团队的领导者往往担任的是教练和后盾的角色，他们对团队提供指导和支持，但并不试图去控制它。

这不仅适用于自我管理团队，当授权给小组成员时，它也适用于任务小组、交叉职能型的团队。对于那些习惯于传统方式的管理者来说，这种从上司到后盾的角色变换，即从发号施令到为团队服务——是一种困难的转变。当前很多管理者已开始发现这种新型的权力共享方式的好处，或通过领导培训逐渐意识到其优势，但仍有保守死板、习惯于专制方式的管理者无法接受这种新概念。他们应当尽快转换老观念，否则将被取而代之。

（八）内外部支持

成为高效团队的最后一个必需条件就是它的支持环境。从内部条件来看，团队应拥有一个合理的基础结构。这包括：适当的培训，一套易于理解的、用以评估员工总体绩效的测量系统及一个起支持作用的人力资源系统。恰当的基础结构应能支持并强化成员行为以取得高绩效水平。从外部条件来看，管理层应给团队提供完成工作所必需的各种资源。

二、高效团队的含义

高效团队有三个层面：团队凝聚力、团队合作意识、团队士气。团队效率相关的悖论有"三个臭皮匠，顶个诸葛亮""一个和尚挑水喝，两个和尚抬水喝，三个和尚没水喝"等。

华盛顿合作规律：一个人敷衍了事，两个人互相推诿，三个人则永无成事之日。

邦尼人力定律：一个人一分钟可挖一个洞，60个人1秒钟却挖不了一个洞。

为什么人多力量不一定大？

案例：刘邦善用人，善用团队的力量

项羽在与刘邦争夺天下的过程中，一开始，只要项羽亲临战斗，则每战必克，刘邦则临战必败，但结果却是刘邦势力越来越大，而项羽的势力却越来越小，最终落得个被困垓下，自刎乌江的结局。他至死也没弄明白，他到底失败在什么地方，还说："此天亡我也，非战之罪也。"

刘邦在一次庆功会上，曾向群臣解释说："夫运筹帷幄之中，决胜千里之外，吾不如子房（张良）；镇国家，抚百姓，给饷馈，不绝粮道，吾不如萧何；连百万之众，战必胜，攻必取，吾不如韩信，三者皆人杰，吾能用之，此吾所以取天下者也。项羽有一范增而不能用，此所以为吾擒也。"

讨论：

时代需要英雄，更需要伟大的团队

_____

_____

_____

_____

三、高效团队的价值

高效团队拥有"1+1>2"的高生产率，成员之间互相依赖、互相关心、互相照顾，运作良好，并以此创造出了团队的吸引力，经常由成员轮流担任团队领导，高效团队成员支持和拥护领导，成员之间高度信任。

阻碍团队发展的原因包括：各自为政；沟通不良；信息不足；赏罚不明；目标不清；少做少错；缺乏信任；良莠不齐；领导不当；共识不强等。

如果没有团队，狼就无法存活到今天；如果没有团队，人类就不可能发展到今天。

第二节 团队凝聚力

一、含义

团队凝聚力，是指团队对其成员的吸引力和成员之间的相互吸引力，表现为团队成员对团队强烈的归属感和一体性，每个团队成员都强烈感受到自己是团队中的一分子，真正把个人工作和团队目标联系在一起，对团队的业绩表现出一种荣誉感，对团队的成功表现出一种骄傲，对团队的困境表现出一种忧虑。

团队是由员工和管理层组成的一个共同体，他们合理利用每一个成员的知识和技能，协同工作，解决问题，达到共同的目标。团队凝聚力是指团队对成员的吸引力、成员对团队的向心力及团队成员之间的相互吸引。团队凝聚力不仅是维持团队存在的必要条件，而且对团队潜能的发挥有着重要的作用。

提高团队凝聚力的四个关键词：激励、沟通、问题、措施。

激励包括领导激励、自我激励、朋友激励、业绩激励、家庭激励；沟通是通过语言、思想和感情进行一些信息上的传递。做到"多鼓励、多赞美、多表扬"。

通过各类拓展活动给予员工更多的自由接触的机会，鼓励大家携带家属，更多的展现真正的自我。

多组织部门内或小组内员工进行互助式的路线冲击活动，给大家创造更多互相学习和交流的机会。

沟通的意义在于沟通能力在团队工作中是非常重要的，当你有了好想法、好建议时，要尽快让别人了解，让上级采纳，为团队做贡献。否则，不论有多么新奇的观点和重要的想法，如果不能让更多的人去理解和分享，就几乎等于没有。持续的沟通，是使团队成员能够更好地发扬团队精神的最重要的能力。

团队成员唯有从自身做起，秉持对话精神，有方法、有层次地对同伴发表意见并探讨问题，汇集经验和知识，才能凝聚团队共识，激发自身和团队的力量。

以下是问题和措施的例子：

问题一：新员工融入团队较慢。

措施：由经验丰富的员工辅导新员工。

问题二：同样的工作，达成进度不同。

措施：制订严谨而有效的跟进措施，因人而异，适当授权，分项跟进。

问题三：因为员工之间的价值观、性格、处世方法等方面的差异，在工作中可能会产生一些分歧。

措施：通过充分沟通，引导员工调整心态，化解矛盾，让员工时刻以团队荣誉为工作和奋斗目标。

成员关系决定团队绩效：

1+1>2——发挥优势，取长补短；

1+1=2——相安无事，彬彬有礼；

1+1<2——貌合神离，问题成堆；

1+1=0——双方斗气，躺倒不干；

1+1<0——矛盾激化，互相拆台。

如何让客户（同事）满意？

让客户来订货——不是你想做什么，而是对方需要你做什么；

从客户处发现商机——不是等待对方提出要求，而是我们主动提供服务（见图4-1）。

职级客户（上下级）	职能客户（部门间）	工序客户（同事间）
↓	↓	↓
职场中的VIP客户	职场中的种子客户	职场中的链条客户
↓	↓	↓
职业生涯的顺风车	职业生涯的裁判	职业生涯的推手

图 4-1　把同事当客户

如何让上司满意？

主动报告你的工作进度 ——让上司知道；

有问必答且要全面清楚 ——让上司放心；

努力解决上司的难题 ——让上司轻松；

接受批评，不犯第二次错误 ——让上司省心；

别把问题丢给上级 ——让上司高效；

毫无怨言接受工作任务 ——让上司满意；

帮助上司完成工作目标——让上司晋升。

二、凝聚不力的4种表现

（一）动不动"无所谓"

团队的共同目标不清晰，团队成员的职责不明确，团队组织涣散，做了错事，没什么感觉，事不关己；对批评与指责无动于衷；别人忙得不可开交，他一副无所谓的态度。

（二）事前不沟通，事后推责任

团队内部信息流动渠道不畅通，团队成员的工作联系不紧密。团队成员之间缺乏相互鼓励，相互督促的主动机制。

不主动汇报工作的进展；不主动反馈工作的感受；不主动提出工作的建议；不主动说出心中的疑惑；不主动复述听到的内容，事后出了问题推卸责任。

（三）工作从不"自动自发"

团队成员缺乏必要的主人翁责任感，主体意识不强，主动工作的动力不足，处于被动状态，一切工作都仰仗于外部力量的推动。

拨一下动一下；把做了当执行；布置等于完成。

（四）执行是自己的事，与团队无关

团队成员的集体意识不强，缺乏大局观，不能从整体的高度看待每项具体的工作。

我行我素，不懂协同作业；没有深刻理解自己的工作对他人的影响；个人英雄主义，好大喜功。

第三节　团队合作

团队的合作意识是指团队和团队成员表现出协作和共为一体的特点。团队成员间相互依存、同舟共济、互相敬重、彼此宽容并尊重个性的差异，彼此间形成一种信任的关系，待人真诚、遵守承诺，相互帮助和共同提高；共享利益和成就，共担责任。良好的合作氛围是高绩效团队的基础，没有合作就无法取得优秀的业绩。

有效的沟通方式要注意因人而异，重视因地制宜。少一点先入为主，拿不准的要确认，多作调查与研究，有变化及时汇报。

有效沟通要弄清楚听者究竟想听什么；以对方感兴趣的方式表达；注意恰当的时机和场合。要积极探询说者想说什么；用对方乐意的方式倾听；控制情绪，并适时回应。

接受工作的三个步骤：用有朝气的声音立刻回答，不要闷声不响地走向主管；不要把某件事不会做当成拒绝的理由；不要把没时间作为借口。记下主管交办事项的重点，带着记事本随时记下主管的指示；参考记录指示的重点，核对有无差距。理解工作的内容和含义，不清楚的地方，询问清楚为止。

请示的艺术包括：多出选择题，少出问答题，不要一天到晚请示领导；不要只问问题，不准备答案；不要出单选题，多出多选题；说出答案，明确为什么；罗列出优缺点，让领导决策。

第四节　团队士气

团队士气是团队精神的一个重要方面。团队士气是团队成员对自身所在的团队感到满意，愿意成为该团队的一员，并协助达成团队目标的一种态度。团队成员在心理上具有积极主动的行为动机，其作用在于能够激发每个团队成员意志行为的潜力。

团队士气的特征：

- 团队的团结来自于内部的凝聚力，而非外部的压力。
- 团队本身具有适应外部变化的能力及处理内部冲突的能力。
- 团队成员对团队具有强烈的归属感，且团队成员之间具有强烈的认同感。
- 团队成员没有分裂为相互敌对的小团体的倾向。

- 每个团队成员都明确团队的目标。
- 团队成员对团队目标及领导者持肯定支持态度。
- 团队成员承认团队存在的价值,并且有维护其团队存在和发展的意向。

坚强有力的团队,高昂的士气是企业取之不尽、用之不竭的宝贵资源,只有士气高昂、朝气蓬勃的团队,才是最有活力、最有希望的团队。就领导者而言,提高士气需要掌握5个要点,即管理者的态度、共同的目标、参与感、关心组织成员、沟通交流与必要的激励。而其中管理者的态度尤为关键,一般而言,管理者的命令方式对团队士气有着至关重要的影响,而这正是管理者领导魅力的具体体现。

一、下达命令的方法

（一）管理者的领导魅力

魅力＝影响力×权力

影响力＝个人能力+人格特质

魅力＝（个人能力+人格特质）×权力

（二）下达命令的方法

整理明确的任务内容,彻底确认,使部属乐于接受、并会全力以赴。

二、下达命令的原则

（一）下达命令应注意的事项

根据部属的能力与意愿确定谁负责哪一部分,掌握说服的艺术；确认对方的工作能力是否足够,以及对方接受任务的程度。不要以为部属应该都知道,命令的方式因人而异,应该尽量详细说明；完成任务的重点应非常清楚,完成任务的时间及衡量标准宜明白指出,允许部属有确认和商讨的机会。根据任务均衡的团队精神,要确认受命部属的工作是否很忙,是否有些人总是做困难的工作,而有些人恰好相反。

(二) 下达命令的三大原则

原则一：明确具体。让部属明白该做什么，不该做什么。

原则二：确认了解程度。以保证部属真正理解了命令的含义，这样执行起来才不会偏离目标。

原则三：激发部属执行意愿。调动部属的积极性，主动地完成命令提出的要求。

(三) 命令的口气

吩咐：尽量用亲切的语气要求部属；

请托：用拜托对方的语气要求部属；

询问：用询问的语气激励部属；

暗示：暗示部属最适合此项工作任务；

征求：用商量的语气与部属探讨工作任务的交付；

严正：用严厉的态度，要求部属完成工作。

(四) 接受报告的方法

分析使命及目的，向部属明确指示工作范围及工作完成的程度，明确所要得到的报告。要调查相关内容；有特殊事项发生时，应慎重处理，不可错估形势。必要时，向上一级主管报告；对部属的报告予以称赞，必要时应指出不足；根据报告作适当的后续处理。要考虑部属的立场，表示对部属的真诚关心，了解部属的工作困难；给予必要的指导和建议，予以适当的激励和鼓舞。

小组团队游戏：迷失丛林

如果你是一名飞行员，但你驾驶的飞机在飞越非洲丛林上空时飞机突然失事，这时你必须跳伞。与你一起落在非洲丛林中有14样物品，这时你必须为生存做出一些决定（见表4-2）。

第一步，在14样物品中，先以个人形式把14样物品以重要顺序排列出来，把答案写在第一栏。

第二步，当大家都完成之后，把所有人分成5人一组，让他们开始进行讨论，以小组形式把14样物品重新按重要的顺序再排列把答案写在工作表的第二栏,讨论时间为20分钟。

第三步,当小组完成之后,培训师把专家意见表发给每个小组,小组成员将把专家意见转入第三栏。

第四步,用第三栏减第一栏取绝对值得出第四栏,用第三栏减第二栏得出第五栏,把第四栏累加起来得出一个人得分,第五栏累加起来得出小组得分。

表4-2 迷失丛林工作表

类　别	第一栏	第二栏	第三栏	第四栏	第五栏
药　箱					
手提收音机					
打火机					
3支高尔夫球杆					
7个大绿色垃圾袋					
指南针					
蜡　烛					
手　枪					
一瓶驱虫剂					
大砍刀					
蛇咬药箱					
一盒轻便食物					
一张防水毛毯					
一个热水瓶					

生存能力得分（见表4-3）

0~25分,生存能力强。

26~45分,生存能力较强。

46~60分,生存能力一般。

60 分以上，没有生还希望。

表 4-3　计算个人和小组得分

个人得分		小组得分
组员 1		
组员 2		
组员 3		
组员 4		
组员 5		
平均得分		

讨论：

本游戏带来的启示

_____
_____
_____
_____

分析个人得分和小组得分之间的差距

_____
_____
_____
_____

第五章 团队沟通

第一节 沟通模型

沟通模型（Communication Model）也称"沟通模式"，是用于解释沟通过程和分析沟通形式（即解释信息传递过程）的理论假说。20世纪50年代前后的沟通模型强调传递信息者到受者的单向流程。最具代表性的是美国信息学家申农和韦弗的数学模型，把信息传递过程分为五个部分：①信源，可比作发信者的脑；②发射器，将发送者要传递的意义信息符号化，编制成语言文字、图表或表情动作，可比作发信者的口齿；③信道，是信息的载体，可比作传递声波的空气；④接收器，接受符号化的信息并将其还原为意义信息，可比作耳朵；⑤信宿，对信息的意义进行解释，使其成为可接受信息，并对其做出反应，可比作听者的脑。此外，噪声，泛指干扰信息传递的任何因素；编码，指信源发送信息的方式；译码，指解释信息的过程。20世纪六七十年代以后的沟通模型强调沟通的交互性、动态性和发展性，最具代表性的是奥斯古德和施拉姆的循环模型。[1]

成功的因素：85%的沟通与人际关系，15%的专业知识和技术。

一、沟通的三个行为及意义

听——倾听；说——说话；问——提问

沟通是指运用语言、文字或一些特定的非语言行为（指外表面部

---

[1] 林崇德. 心理学大辞典（上卷）[M]. 上海：上海教育出版社，2003.

表情，肢体动作），把自己的想法、要求等表达给对方。

参与沟通时，要有两方当事人：发信人（传送方）和受信人（接收方）。你要让对方确定你真正了解沟通的内容，才能达到沟通的目的。

高效沟通的三个原则

原则一：谈论行为不谈论个性，对事不对人。

原则二：明确沟通，重视效果。

原则三：积极聆听。

沟通的主要障碍

传送方：用词错误，词不达意；咬文嚼字，过于啰唆；不善言辞，口齿不清；只要对方听自己的，态度不正确；对接收方反应不灵敏。

传递渠道：经过他人传递而误会；环境选择不当；沟通时机不当。

接收方：先入为主（第一印象）、知识和构想的差异、偏见（刻板印象）、光环效应（晕轮效应）、情绪不佳。

二、口头沟通

一个人的口头沟通能力好坏，决定了其在工作、社交及个人生活中的品质和效益。

（一）口头沟通三要素

首先要有一个明确的目标；其次需要达成共同的协议；再次需要有沟通信息、思想和情感。除了三个要素之外，还要根据当时的气氛、考虑说话的目的、内容及语言的多少。

（二）口头沟通提升表达力的方法

口头沟通主要是用语言来影响听者。口语修辞的好坏直接影响听者的情绪。这就要求语脉要连贯，讲话要富有逻辑。推理论证严密。语法要符合规范，要有口语特点。尽量用简单句，避免复杂句子，杜绝病句，词句要精心修饰。遣词造句要精心安排。口头说明清楚准确，形象生动。

（1）先过滤。把要表达的资料过滤浓缩成几个要点。

（2）一次表达一个想法或信息。讲完一个再讲下一个。

（3）观念要相同。使用双方都能理解的特定字眼或用语。

（4）长话短说。简明中庸，不多也不少。

（5）确定对方了解了你的真正意思。

（三）无往不胜的说服法

（1）举出具体的实例。

（2）提出证据。

（3）以数字来说明。

（4）运用专家或证人的证词。

（5）诉诸对方的视、听、触、嗅、味五种感觉。

（6）示范。

（7）沟通的最终目的是说服他人采取积极正确的行动。

（8）关键的沟通技巧，倾听是成功的右手，说服是成功的左手。

（四）倾听的重要性

（1）给予对方高度的尊重。

（2）获得信息。

（3）追求乐趣。

（4）收集回馈意见。

（5）增进了解。

人人都具有运用身体语言沟通的能力。口语沟通是间断的，身体语言的沟通是一个不停息，不间断的过程。身体语言有私密特征，在特定情境中具有别人难以理解的特殊含义。身体语言的速度，可以自己掌握，可快可慢。身体语言可以实现跨文化的沟通。身体语言可以很容易学习，口语学习则不然。身体语言具有沟通的行为方式如图5-1所示。

（五）六条化解语言伤害的小秘诀

（1）简短：最好的回应是1~3句话。

（2）具体：具体地告诉攻击者是怎么伤害到你了，同时告诉攻击者你希望得到怎样的对待。

（3）明确目的：目的是要阻止对方的攻击，或终止讽刺。

（4）清楚表达：说出你真实的想法、感受和需要。

（5）言行一致：只有一次勇敢地面对恶意攻击，而其他时候却听之任之，不会有多大效果，始终坚持必须得到尊重。

（6）语气不刻薄：当别人对你不友善时，你要清楚地知道你的目的是得到别人的尊重，而不是对他进行报复或相应的攻击。[①]

镜子法则

从脸、手势、头部动作、眼神交流、体态和私人空间出发，善于发现他人的肢体动作，然后像照镜子一样，做出与它相对称的动作。

第二节 编码与解码

生活中处处有沟通，沟通处处影响人们的生活。沟通能力的大小，某种程度上决定了人们工作和生活的状态。尽管沟通如此重要，但生活中沟而不通的情形比比皆是，其原因就是生活中大多数人的沟通是依靠想当然，缺乏对沟通基本规律及相关细节和技巧的必要了解，需要在较高层次上对沟通的知识体系做一个整体性的勾勒。

沟通是交流双方编码和解码的过程。编码是表达者把所要传递的信息按照自己的理解和方式重新组织成新的信息传递给接受者。目的在于让对方充分理解。解码是接受者，在收到表达者的信息后，用自己的方式进行理解、提取，再重新组织成结论信息加以吸收，目的在于尽量理解对方的意思。

编码和解码方式与沟通双方的思维方式、经历、知识水平，当时的条件和环境氛围，以及一些想象成分有关。懂得了编码和解码的过程，

---

① 个人图书馆网。

就很容易成为一个善解人意的人。

一、沟通的目的、机理、媒介

（一）目 的

（1）说明事物。向对方陈述一些事情，希望引起对方的思考，以使对方的见解受到影响。

（2）表达情感。向对方表露自己的感受、态度、看法、观点及意见，目的在于使自己的情感能渗入对方的心中，使对方产生共鸣。

（3）建立关系。一切良好的关系都有赖于真诚的沟通，真诚沟通是建立良好关系最为重要的"秘密武器"。好的沟通重要的不是技巧，而是真诚。好的沟通，既丰富了自己也丰富了对方，促使双方都得到提高，这样才会建立起更好的关系。"人生的美好，就是人情的美好；人生的丰富，就是人际关系的丰富；而人生的成功，便是人际关系的成功。"

（4）达成目标。任何一项活动，其结果都是要达成你想达到的目标。前面三项其实都有各自不同的目标。

（二）机 理

（1）确认对方文字背后真正的意图——好的沟通是双向的。

（2）好的沟通就是精准、明确的表达。

（3）良好的沟通要求沟通双方对信息加以核对和反馈。

（4）良好的沟通就是学会换位思考与移情。

（5）良好的沟通必须得体。

（三）媒 介

人际沟通按照沟通的媒介可以做如下分类：

（1）口头沟通：以语言为媒介的信息传递，如交谈、讲座、讨论、电话等。

（2）书面沟通：以文字为媒介的信息传递，如报告、信件、备忘录、布告、文件等。

(3) 非语言沟通：以非语言的声、光信号或体态、语调为媒介的信息传递。

(4) 电子媒介沟通：用电子媒介来传递信息，如传真、闭路电视、网络、电子邮件等。

四种人际沟通的媒介各有优势，其优缺点如表5-1所示。

表5-1　四种人际沟通的媒介

沟通媒介	举　例	优　点	缺　点
口头沟通	交谈、讨论、电话、讲座	快递传递、快速反馈	信息失真严重
书面沟通	报告、信件、文件、期刊	持久、有形、可以核实	效率低、缺乏反馈
非言语沟通	体态、语调	内涵丰富、意义明确	传递距离有限
电子媒介沟通	电视、电子邮件	信息容量大、成本低	单向传递

总结：文字不如图文，图文并茂则更好；文字不如表格。

二、沟通的基础、要求、要领、环节、渠道、方式及态度

(一) 沟通的基础

尊重——了解并尊重他人的参照系统（文化或风俗习惯）。

沟通有两个基本点：一个是尊重；另一个是信任。沟通能力首先要做到的就是尊重他人，可以总结为以下七句话：

(1) 尊重上级是职责。

(2) 尊重同级是礼貌。

(3) 尊重下属是美德。

(4) 尊重对手是襟怀。

(5) 尊重自己是自尊。

(6) 尊重客户是诚实。

(7) 尊重所有人是素养。

(二) 提升沟通能力的基本要求

(1) 培养沟通意识。培养主动沟通意识的技巧，养成主动沟通的

习惯，在行动上持之以恒。遇到难以沟通的情况，要尝试通过积极沟通去面对。

（2）明确沟通目的。当你准备与人沟通之前，务必要搞清三个问题，我要对方知道什么？我希望对方感受什么？我应该做些什么？沟通要围绕这三个问题，抓住沟通的主线，实现沟通目标。

（3）洞悉沟通要点。①三思而后行；②失言时立刻致歉；③不要把沟通搞成辩论比赛；④选对沟通时机；⑤对事不对人；⑥了解对方的感觉；⑦聆听对方的反馈。

（三）沟通的要领主要有以下五方面

（1）同理心原理。同理心就是换位思考，是指将自己代入到他人的位置去思考和体验问题，同理心越强的人，其感知他人内心状态和想法的能力就越强。

（2）同步（同频）原理。同频沟通指沟通双方的思维在同一个频率上，读懂对方真正的需求，才能实现有效沟通。

（3）尊重。无论对方身份多么卑微，言行举止多么怪异，爱好习惯多么让人难以忍受，都要保持对他的尊重，才能获得对方的尊重。

（4）平等待人。这是人际交往的黄金法则。你希望别人以什么方式来对待你，就以什么方式对待别人。

（5）聆听比会说，更能打开人的心扉。聆听表示尊重、理解和接纳，是连接心灵的桥梁。

（四）沟通行为的三个环节

（1）表达。选择积极的用词与方式，语气要温和及肯定。提问切忌无的放矢。要学会引导对方谈论他们自己，说话时要注意对方的反应，对对方的反应表示理解。

（2）倾听。要把与对方沟通的内容、意思把握全面，这样才能使自己在回馈给对方的内容上与对方的真实想法一致。

（3）反馈。要站在对方的立场和角度，针对对方最为需要的方面给予反馈。反馈的内容要具体明确，要有建设性，对事不对人。

（五）沟通渠道

"有效沟通"是管理者必备的一项素质要求。所谓有效的沟通，是通过听、说、读、写等载体，通过演讲、会见、对话、讨论、信件等方式将思维准确、恰当地表达出来，以促使对方更好地接受。一个人的肢体语言，往往会泄露其内心的秘密。因此，注意观察一个人的肢体语言，可以更好地了解对方，以便进行更有效的沟通（见图5-1）。

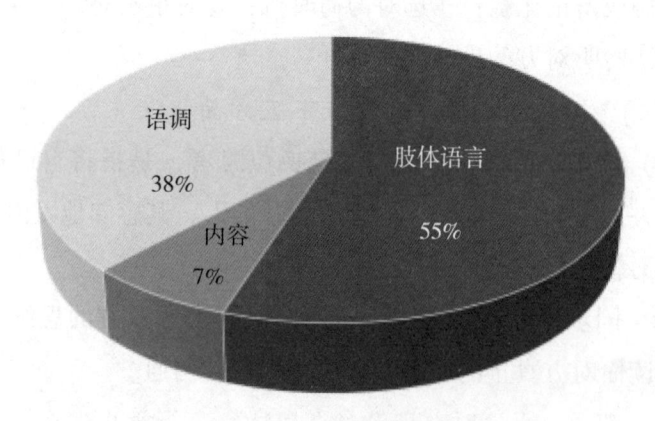

图 5-1　有效沟通方式

（六）沟通的方式

常见的沟通有：礼貌用语、学会倾听、目光交流、不道人是非、不妄自评论第三者。

（1）礼貌用语。不管是什么场合，与什么人沟通，保持一定的礼貌是必要的。一些礼貌用语可以拉近与他人的心理距离，让人愿意与之交流。

（2）学会倾听。在别人说话的时候，耐心听人家说话是对人的起码尊重，通过倾听会有不少的意外收获。

（3）目光交流。在与人沟通的时候，适当的目光交流可以告知对方自己在倾听，在与之互动。但是要注意一直盯着人家看是一种很不礼貌的行为，所以要把握好度。这是与人沟通技巧中要小心使用的一条。

（4）不道人是非。在与人沟通时对方有的时候可能是一时没忍住而发一些牢骚，会涉及第三者，这时自己一定不要为了迎合对方而道人是非，静静地听着就好了。

（5）不妄自评论第三者。尽管有些时候自己对于别人的行为或者其他有所不认同，不要妄自评论，即使是一些好话，也许经过转述就会变了味道。

（七）沟通的态度

信任赢得沟通。每个人在沟通的过程中，由于信任的程度不同，所采取的态度也不一样。如果没有一个端正、良好的态度，那么沟通的效果肯定是不好的。

（1）强迫性态度。果断性非常强，却缺乏合作精神，沟通不容易达成共同的协议。

（2）回避性态度。在沟通中既不果断的做出决定，也不主动合作，总是回避。不愿意沟通，不愿意做决定，所以得不到良好的沟通效果。

（3）迁就性态度。具有迁就性态度的人，虽然果敢性非常弱，但却非常容易合作，你说什么他都会表示同意，下级对上级往往采取迁就态度，迁就态度发出的反馈不真实，使沟通失去了意义。

（4）折中性态度。果敢性有一些，合作性也有一些，非常圆滑。

（5）合作性态度。既要有一定的果敢性，勇于承担责任，又要能够合作，在各方面积极配合，从而产生共同的协议。这是在沟通过程中正确的合作态度。

三、有效沟通的六个阶段

（1）事前准备，识别自己的目标。发送信息的时候要准备好发送的方法、发送的内容和发送的场合，这样才能在工作中提高沟通的效率。

（2）开始沟通，并确认对方的状况。没有觉察对方的状况，可能会产生尴尬，让彼此不舒服。只有了解了对方的内心想法，才能自由应对，审时度势，说合理的话，做合理的事。

（3）深入交流，双方交换意见。交换意见的起点是双方阐述各自的观点。怎样把自己的观点更好地表达给对方，对方能否明白，你是否接受，这是非常重要的。在表达观点的时候，通常按照属性、作用、意义这样的顺序，便于对方能够听懂。

（4）针对矛盾，处理异议。在沟通中一旦遇到异议，不是强行说服对方，而是用对方的观点来说服对方。让对方自己说服自己改变观念。

（5）达成共识，确定协议。协议是沟通的结果。是否完成了沟通，取决于最后是否达成了协议。

（6）共同实施，互相促进。沟通的目的是达成协议，而达成协议的目的就是共同实施，并通过实施，期待一个好的结局。

第三节 团队沟通技巧

一、四种人际风格类型

和不同人际风格的同事沟通，可以先判定对方的人际风格类型，依据在沟通过程中情感流露的多少及决策速度的快慢，可以把他们分为四种：细节型、温和型、表露型和指挥型。要学会与不同风格的同事沟通，通过观察对方在沟通中的表现，来确定他的人际风格类型，然后采取与之相应的措施和其沟通。其中，影响团队间沟通的因素有交往水平、互酬水平、包容水平、评价水平等。最后，在策划与团队间进行沟通时，需做好沟通前的准备工作，接着确认对方的需求，再巧妙阐述自己的观点，恰当处理双方的异议。在达成一致协议后，双方共同实施。

二、团队沟通的技巧

（一）建立团队沟通制度

要将团队中的沟通当作一项长期性的工作，最好能够建立一种沟通的制度，以确保团队成员之间能够及时沟通。

（二）团队沟通的一般技巧

1. 积极倾听

在团队沟通的过程中，除了要掌握有效倾听的基本技巧外，还要注意顺利转换倾听者与说话者的角色。对于在课堂上听讲的学生来说，可能比较容易形成一个有效的倾听模式。因此，此时的沟通完全是单向的，教师在讲而学生在听。在大多数团队活动中，听者与说者的角色在不断地转换。积极的倾听者能够使从说者到听者以及从听者再回到说者的角色转换十分流畅。从倾听的角度而言，这意味着全神贯注于说者所要表达的内容，即使有机会也不去想自己接下来要说的话。

在团队中，言谈是最直接和最重要、最常见的一种沟通途径，有效的言谈沟通很大程度上取决于倾听。有人发现，具有良好倾听技能的人往往可以在工作中自如地与他人沟通。作为团队，成员的倾听能力是保证团队有效沟通和保持团队旺盛生命力的必要条件；作为个体，要想在团队中获得成功，倾听是基本要求。有研究表明，成功的经理人大多是很好的倾听者。

2. 加强言语沟通

既要一个整体良好的团队，又要独立的私人生活，这两种愿望带来的压力流露在每个成员讨论时发表的意见中。因此，要除去这种压力，团队成员必须进行对话，即成员们必须交换和适应相互的思维模式，直至所有人都能对所讨论的意见有一个共识。

对话经常需要对想法进行重新界定，这就要求在沟通时运用坦诚、负责、肯定及恰当的语言，创造一种成员之间相互关注、支持交流、降低防卫的氛围。

（1）坦诚。坦诚指的是开放性的沟通，了解自己，关注他人，关注自身的需求或明确要他人知道的事情。一个坦诚的陈述通常很直接，但同时也很谦恭有礼，并且顾忌他人的感情。坦诚是为自己的沟通负责，不让别的人来操纵自己的反应。坦诚即展示自我，希望影响他人，又高度重视他人的权利。坦诚之人知道怎样运用外交手段和沟通手段。

（2）负责。负责的语言为他人改变其观点和观念留有余地。当语言更富假设性而非肯定性时，团队就会有更多的合作、更少的防御。缓和你的语气，接受他人的观点以保持开朗、合作的氛围。

（3）肯定。当别人承认你的想法和感受，真正倾听并做出回应时，你会有被认可的感觉。当你被肯定时，就容易坦诚、容易更具效率，也容易对团队做出贡献。肯定一位团队伙伴将有助于他全力以赴的工作，也有助于团队创造一种合作的氛围。

（4）恰当。恰当是指使用适合团队成员及适用团队情况的语言。能否选择恰当的语言取决于你是否敏感，以及如何判断想要达到的目的。这种选择同时需要用心和用脑，恰当包括你能考虑到知识层面、背景和感受。

3. 注重非语言沟通

非语言沟通是指人们从语言中包含的指示或在语言之外的提示中解析含义。人们常常没有意识到其眼神、身体、面部表情和声音中存在的非语言信息。人们对你的看法，包括你的能力、可信度、亲和力，与你的非语言沟通有直接的关系。

（1）运用肢体语言。不太开放的成员不善于抓住说话的机会，需要有人帮他们一把。要帮助他人参与沟通，根本在于你的关注。你可以通过保持目光接触和用让他人感到舒服的姿势，为他人着想，如用面向说话人、往前靠这样的方式，对成员表示你的反应。

（2）表现出强烈的自信心。假如有一个令你兴奋、激动的主意，但你又担心面临质疑。在解释这个想法时，如你全力以赴，你的脸、身体、嗓音都能表露出积极的情绪，同伴受这种情绪的感染，就会听你的建议。因此,当你与他人沟通时,需要你的脸、身体、声音、演讲能力的全力支持,使你传递的信息有趣、可信。①

三、克服团队间沟通的障碍

(一) 克服心态上的障碍

(1) 害怕对方获得有利信息;

(2) 认为交谈是浪费时间;

(3) 不希望对方与自己意见相左。

(二) 克服个性心理上的障碍

(1) 个性。个性亦称"人格"。指个人的精神面貌或心理面貌。在心理学中,个性与人格都有广义和狭义之分。广义的个性与人格是同义词,二者均指个人的一些意识倾向和各种稳定而独特的心理特征的总和。狭义的个性通常指个人心理面貌中与共性相对的个别性,即个人独具的心理特征。狭义的人格通常指个人的一些与意识倾向相联系的心理特征的综合表现,甚至仅指个人的品德、操行。

(2) 情绪。情绪是对一系列主观认知经验的通称,是多种感觉、思想和行为综合产生的心理和生理状态。最普遍、通俗的情绪有喜、怒、哀、惊、恐、爱、恨等,也有一些细腻微妙的情绪如嫉妒、惭愧、羞耻、自豪等。情绪常和心情、性格、脾气、目的等因素互相作用,也受到荷尔蒙和神经递质影响。无论正面还是负面的情绪,都会引发人们行动的动机。尽管一些情绪引发的行为看上去没有经过思考,但实际上意识是产生情绪的重要一环。

(3) 个人认知。个人认知中影响沟通效果的因素有先入为主的第一印象和固定的社会心态等。第一印象常常使人武断,一定要结合沟通中对方的表现来验证第一印象。如果你对对方有一些种族、政治、宗教上的偏见,对某些职业有一些概念化的印象,这些固定的社会心理在沟

---

① 百度文库。

通中肯定会或多或少的影响你对对方的态度和评价。

（三）克服语言文化的障碍

（1）克服语言不同、语音差异造成的沟通障碍。

（2）克服语义不明，造成的沟通障碍，在语言表述中要词语搭配得当，根据场合和沟通双方地位、品位的不同，选用恰当的词语。

（3）克服不良的语言习惯造成的沟通障碍。

（四）克服环境的障碍

沟通中包括颜色、声音、场所、距离等在内的环境因素也不可忽视。沟通尽量选在光线明亮的地方，光线昏暗，声音嘈杂，会影响沟通效果，沟通场所的颜色选择黄橙红等暖色调使人感到温暖，蓝紫绿等冷色调场所让人觉得安宁。依据沟通对象、沟通目的来选择不同色调的环境，才能保证最好的沟通效果。一般来说，沟通环境应该选择比较安静的地方，在沟通中要保持适当的距离，不要过于疏远或过于亲密。要依据对方的性格、与对方的熟悉程度、空间的大小等具体情况来确定最合适的距离，使双方都比较放松。

第四节　向上沟通

一、向上管理

向上管理是下级向上级表示自己的态度和意见的一个过程，如报告、请示或反映意见。

美国著名管理学家杰克·韦尔奇的助手罗塞娜·波德斯基将自己14年的助理生涯整理成册，提出"向上管理"（Managing up）的概念。在她看来，管理需要资源，资源的分配权力在上司手中，因此，当需要获得工作自由资源时，就需要与上司进行最完美的沟通。

这样的沟通可以适应彼此的需要和风格；分享彼此的期望；相互产生依赖和信任。

简单地说,就是发现上司的长处,尽量避免上司的短处,经常自问:"我怎样做才能使上司的工作顺利进行,使自己的工作顺利开展?"

此外,有七条基本原则如下:

原则一:帮助上司决策时要注意分寸。

原则二:管理上司的时间。

原则三:可为上司呈现问题和解决方案。

原则四:让上司知道更多。

原则五:让上司试探对自己的授权。

原则六:向上司承诺可以达到的目标。

原则七:对上司要注重小节。

二、四种类型的上司

(一) 上司类型

1. 支配型上司

支配型的上司是行为具有侵略性,喜欢支配下属工作的上司。他们平时一般注重行为,而容易忽视他人的感受,有主动精神,行为上公事公办。他们不愿意听取别人的意见,总坚持自己的观点,不允许观点被批评指责。

具体沟通策略:承认他的权威;表现出自己很强的能力;懂得珍惜他们的时间;注重结果、注重底线;做事简单明了,直入主题;迎合他们的自负和权力;注意要用眼睛来交流;工作节奏快速,不要闲谈;避免过于细致。

2. 稳定型上司

稳定型的上司处事沉稳,含蓄内敛,做事有条不紊,脾气温和,情感成熟。他们注重人际关系,喜欢团队合作,对事物的占有欲很强,不易明显表达自己真实的情绪。他们一般比较宽宏大量,不喜欢变化和发生冲突,重视人际关系,经常无法说"不",行为有些拖拉。

具体沟通策略:与他慢条斯理地做事,不要快速的改变事物,保持事物的可操控性，对他的个人目标和活动表现出兴趣，要帮助他实现个人目标，与他建立友谊，避免冲突。

3. 影响型上司

影响型的上司健谈，喜欢与陌生人相处、富有创造力和幽默感、喜欢影响和感染他人。他们往往乐观、热情、性格外向、说话清楚明了，并且接受力强。但做事不拘小节，容易感情用事；周围熟人很多，但亲近的朋友很少。

具体沟通策略：尊重他人感受；征求他人意见；与他人保持良好的关系；与他快速行动；注重整体印象；提供问题的解决方案；避免过于细致；强调新鲜和不同；表现出热情和友善。

4. 认可型上司

认可型的上司是善于分析事实的，能准确无误地获取信息，喜欢得到个人的认可而不是公众的认可。他们喜欢用规章或惯例等定性的指标来维护标准。他们不喜欢变化、不喜欢表达个人感受，对独立行为反应迟缓，行为谨慎小心。

具体沟通策略：每件事都为他准备好数据材料；回答他所有问题；让他知道事情的细节；提供客观的事实；与他一起分析；坚守岗位；避免个人主义；避免冲突和对抗；做事耐心。

量体裁衣，对症下药。人们在职业生涯中会遇到不同类型的上司，需要对不同类型的上司使用不同的配合工作的方法。这一点非常重要，不然，会很容易就遭遇与上司的沟通不利，"向上管理"失败，影响自己的事业发展。

（二）DAS 方法

（1）D（Description）叙述。叙述所看到的行为，使用与事实有关的信息。最好是用感官语言，将事件的数量、频率、持续时间和规模等相关的统计信息加以陈述。

（2）A（Admission）承认。要承认发生的行为或是该行为造成的影响，正面表达与建议有关的问题。在表达承认时，语言要清晰，概括，尽可能地概括自己的观点和想法。

（3）S（Solid）具体。直接简要地阐明对某个事件或行为的有针对性的建议。具体指出自己想要制止或是改变，或是倡导的行为。还可以根据建议的内容来调整自己建议的语气和语调。如果建议是改变某个不好的行为，那么可以降低自己的语气，语调低缓一些；如果建议是实施一些有鼓舞性的行为时，语气则可以稍微调高点，增加建议的热情度。

向上管理需要做到：

- 服从上司命令。
- 维护上司形象。
- 让上司了解具体情况。
- 在必要情况下与上司协商。
- 尽自己可能地替上司分担重任。
- 不能逃避，帮上司渡过难关。
- 在上司最脆弱的时刻给予安慰。

案例分析：做好沟通协作，塑造团队精神

新人标准有一句话说得非常好：用感恩之心加强团队建设。只有具备了同心协力的团队精神，团队成员才能利人利己，共存共荣，这样的团队才能拼搏于市场竞争的浪潮，求得企业的兴旺和事业的蓬勃。

而团队建设的好与坏，用下面一个小故事来说明。

一位学生问老师：人们总说天堂和地狱，那么天堂和地狱是什么样的呢？

老师就回答说：走吧，我带着你去看看。

于是，老师带着学生走到一栋楼房前，来到一个房间，看到房间里放着一大桌的美味佳肴，围在桌旁的那些人都拿着长长的钢叉，夹菜时你争我夺，只见一根根钢叉在空中交错碰撞，可口的菜肴掉了满桌，咒骂声此起彼伏，没有人能真正吃上几口美味可口的菜，每个人都面色憔悴、骨瘦如柴。

随后，老师又带着学生来到另一个房间，房间里也有一大桌美味佳肴，房间里的人每人手中也都拿着长长的钢叉，只是这里的人个个脸色红润、白白胖胖，他们每个人都在忙着用叉把菜送到别人口中，虽然夹着有些吃力，但将菜送入别人口中却一点也不难，在彼此相互道谢之余，大家纷纷对菜的美味赞不绝口。

老师对学生说：这回你明白了吧！

学生回答说：老师，我懂了。如果团队中每个人都只想着自己，对他人漠不关心，无视他人的存在，这样的团队就是地狱；如果团队的每个成员都时时想着对方、想着自己的伙伴，这样的团队就是天堂。

讨论：

看完上述案例，我们该如何把握上级、同级和下级等不同层次的沟通呢？谈谈你的看法

第六章 团队冲突与处理

第一节 团队冲突概述

一、团队冲突的定义

"冲突"一词有诸多不同的定义。斯蒂芬·罗宾斯（1997）将冲突定义为："冲突是一种过程，这种过程始于一方感觉到另一方对自己关心的事情产生消极影响或将要产生消极影响。"也有定义为："冲突是个体由于互不相容的目标、认识或情感引起的相互作用的一种紧张状态"或"冲突是因社会实体内部或之间的不相容、不一致或不协调而表现的互动状态"。

尽管学术界未对"冲突"的定义达成一致意见，但大部分学者都认可冲突的两个共同点：其一，冲突必须被冲突各方所感知，如果冲突各方没有感觉到冲突，则通常认为冲突不存在；其二，冲突存在于意见的对立或不一致中，假如某个团队中大家想法、观点都一致，一致赞同某一行动方案，成员之间也就没有了冲突。

从总体上看，冲突是指个人或团队对于同一事物持有不同的态度与处理方法而产生的矛盾。冲突常常表现为由于观点不一致而引起的激烈争斗。美国学者刘易斯·科赛在《社会冲突的职能》中指出：没有任何团体是能够完全和谐的，否则它就会无过程与结构。团队冲突是团队发展过程中的一种普遍现象。团队成员之间存在性格、知识、背景、价值观、信仰、态度及行为等诸多方面的差异，同时也存在信息获取、利益诉求方面的差异。差异必然会导致分歧，分歧发展到一定程度就会导致冲突。美国管理协会进行的一项对中层和高层管理人员的调查表明，管理者平均花费20%的时间处理冲突。因此，冲突在团队中是客观存在的、是无法逃避的，是不以人的意志为转移的。

二、冲突观念的演变

（一）传统冲突观念

传统的冲突观念认为，冲突是不良的、消极的和有害的，出现冲突一定会导致组织成员相互间的抵触，引起组织的分裂甚至瓦解，影响组织实现目标。在20世纪40年代以前，这种观点是占主导地位的。有学者认为，组织跟个人一样，精力是有限的，耗费在钩心斗角或相互斗争中的精力过多会影响组织正常运作。这种观念主张避免一切冲突，并且将冲突水平的高低作为评价标准，出现冲突被认为是组织和管理人员低绩效的表现。中国的传统文化强调"以和为贵"，主张"中庸之道"，因此，中国人比较容易接受传统的冲突观。

（二）人际关系观念

人际关系观念认为，对所有的组织、团队和个人来说，冲突都是与生俱来的，无可避免，而且冲突不一定给组织带来不利的影响，也可能成为有利于组织的积极动力。20世纪40年代末至70年代，冲突的人际关系观念占据了主导地位。这一观念的支持者建议接纳冲突，承认冲突在组织中存在的必然性和合理性，并适当地控制、利用冲突。

（三）相互作用观念

冲突的相互作用观念认为，融洽、和平及合作的组织容易对变革表现得静止、冷漠和迟钝，完全没有冲突是难以激发组织成员的工作激情的，一定水平的、有益的冲突会使组织保持旺盛的生命力，善于自我批评和不断革新。该理论在承认冲突对群体可能存在有害性的同时，也指出在某些情况下，冲突对群体是有益的。而冲突的好坏取决于它对群体绩效的影响，冲突既有可能提升群体绩效，也有可能降低群体绩效，不能一概而论。

第六章 团队冲突与处理

美国学者罗宾斯教授对冲突水平与团队绩效之间的关系做了形象的描述（见图6-1）。

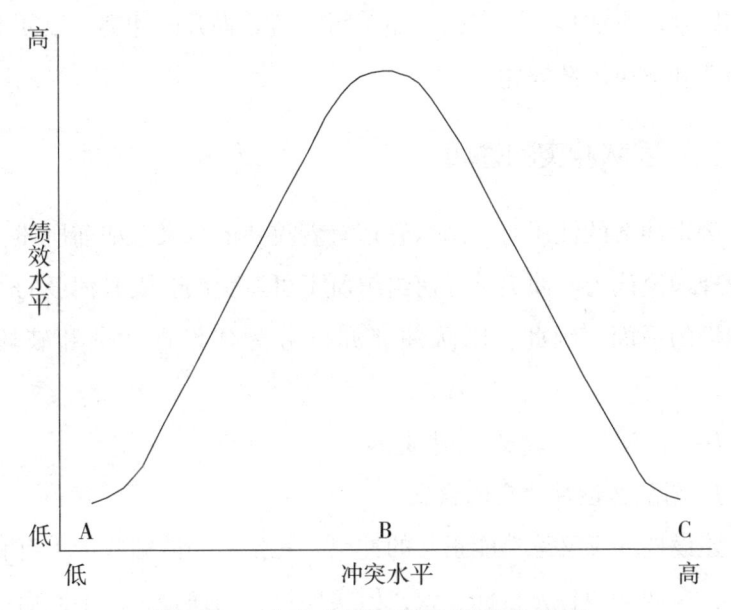

图 6-1 冲突水平与群体绩效的关系

图6-1中A点表示团队内无冲突或冲突很少，大家齐心协力。此时，团队对变化反应迟钝，缺乏新观念和创造性。这种低水平的冲突是消极的，团队绩效差。B点表示团队内有适度的积极冲突或不同思想的交锋。此时，团队内充满活力，自我批评及不断更新的能力都很强，团队业绩也是最佳的。C点表示团队内的冲突过多，且多为消极性的，因而团队的绩效也很差。表6-1概括了不同冲突水平下团队内部特征和绩效水平。

表 6-1 冲突水平与团队特征、团队绩效

冲突水平	冲突类型	团队内部特征	团队绩效
过低或无	功能正常	冷漠、迟钝、对变化不敏感，缺乏创新精神	低
适当或最佳	功能异常	有创造力、自我批评、不断变革、活力旺盛	高
过高	功能失调	混乱无序、分崩离析、关系紧张、不合作	低

相互作用观念风行于 20 世纪 80 年代以后，是当代冲突理论的主流学派。与冲突的人际观念只是被动接纳冲突不同，冲突的相互作用观念强调区别冲突的性质，鼓励有益于团队绩效提升的冲突，以便更好地管理团队和解决团队问题。

三、团队冲突的性质

区别冲突的性质对于团队管理有着重要的意义。如前所述，现代组织管理理论认为，冲突是任何组织所不可避免的，既有消极的一面，又有积极的一面。因此，团队冲突亦可分为建设性冲突和破坏性冲突两类。

（一）团队的建设性冲突

1. 团队建设性冲突的含义

建设性冲突又称功能正常的冲突，是指对团队绩效产生有利影响的冲突，是冲突中各方目标一致，但实现目标的途径手段不同而产生的冲突。参与建设性冲突的人关心团队共同目标的实现，在冲突中愿意相互沟通，乐于倾听对方的观点，冲突的根本目的是为了实现共同的目标和解决现有的问题，冲突的直接目的是为了了解彼此的观点，寻找解决问题的方法，冲突双方以争论作为解决问题的途径，冲突的结果是对组织中问题的改进形成卓越的共识。

例如，在通用电气，CEO 韦尔奇经常参与员工面对面的沟通，与员工进行辩论，通过真诚的沟通直接诱发同员工的良性冲突，从而不断发现问题，改进管理，使通用电气成为市场价值最高的企业，也使他自己成为最有号召力的企业家。

2. 建设性冲突的积极作用

（1）建设性冲突有利于激发个体的创新意识，提高决策质量。团队决策过程中，如果只有一种声音出现，只有一种观点和意见，最终的行动方案往往不是最优的。只有在多种行动方案中反复进行比较、评价、权衡，才能做出有利的选择。团队围绕决策问题提出各种方案并展开争论的冲突过程，也是不同思想碰撞和激发的过程。持有不同观点的团队成员在与其他成员的交锋过程中，思维空前活跃，同时也能受到其他成员观点的启发，不断产生新的想法，真理越辩越明，对问题的认识也越来越透彻，最终达成共识，选择出对团队最有利的方案。

（2）建设性冲突会促进团队的变革和发展。在团队的日常工作中如果出现冲突，团队中原有的平静被打破，会使团队成员意识到无法按照以前的方式按部就班地工作了，必须考虑一些新的问题，必须做出某些改变。因此，冲突往往是变革和创新的催化剂。在冲突过程中，有利于团队重新审视自己的各种既有的规范。通过冲突，可以了解究竟问题出在哪里，追根究底，找出团队内部规范不完善的地方，然后重新加以界定和修正。另外，团队在冲突过程中，会有新的目标和发展的思路产生，从而为团队的发展注入新的活力。因此，冲突对于团队来说是一个变革的契机。

（3）建设性冲突使问题明朗化，有利于矛盾的解决。当冲突没有出现时，有时是表面上的一团和气，实际上隐藏着潜在的危机。一旦矛盾上升到冲突，反而能够引起大家的注意，更能促使问题得到解决。例如，当决定实施一项管理措施时，大家表面上没有反对意见，而在实施的过程中却在消极抵制；反之，如果将不同的意见表达出来，尽管会引起意见的冲突，但是能使大家更深入地思考，注意到一些原来被忽视了的问题，可以在实施前进行修改，或取得大家的理解。因此，矛盾的公开有利于排除引起冲突的消极因素，使原来存在但未暴露的矛盾及时地得到解决，避免了矛盾的激化。与此同时，在冲突的爆发中，团队领导才能够比较真实地看到对立双方的利益诉求，才能获得更加全面的信息，才能正确分析出冲突发生的问题所在，这对于团队领导尽早地引导、干预团队冲突，避免冲突朝不利团队绩效的方向发展有着重要的意义。

（4）建设性冲突能增强团队成员的归属感和凝聚力。在冲突过程中，如果给予团队成员自由、开放地表达自己观点、立场和态度的机会，让他们的意见得到了充分的讨论，团队成员能感觉自己受到了较多的关注，原来激化的矛盾会得到一定程度的缓解和释放，个人或者团队的怨气得到宣泄，有利于构建比较健康的组织氛围。同时，在冲突的过程中，团队成员也能够更多地了解其他成员的想法，以及他们掌握的各类信息，交往和沟通程度加深，成员就有了更强烈的团队归属感，并且群体凝聚力也随之增强。

（二）团队的破坏性冲突

1. 团队破坏性冲突的含义

破坏性冲突又称功能失调的冲突或非建设性冲突，是不利于团队绩效的冲突。在团队的破坏性冲突中，当事人由于认识上的不一致，团队资源和利益分配方面的矛盾，不愿意听取对方的观点和意见，双方争论常常转变为相互抵触、争执甚至攻击的行为，导致团队的发展方向与目标越来越远，进而导致团队效率下降，甚至崩溃，有很大的破坏性。

美国一家著名的律师事务公司倒闭，其原因是因为80位合伙人不能和睦相处。一位法律顾问在解释时说："这个公司的合伙人之间有着原则性的差异，是不能调和的。这家公司没有经济上的问题，问题在于他们之间彼此相互憎恨。"可见，破坏性冲突的危害多么严重。

2. 破坏性冲突的消极作用

（1）破坏性冲突会导致消极情绪弥漫，降低团队凝聚力。在破坏性冲突发生时，冲突各方往往因为自己的观点、意见受到反驳、抵制而出现情绪上的波动，容易产生焦虑、愤怒、恐慌或悲伤等不良情绪。这种消极状态会给团队成员带来较大的精神压力，影响团队氛围，造成团队内部的压迫感和紧张感，影响员工情绪及身体健康，最终影响团队绩效。与此同时，冲突还会导致团队领导风格从民主参与型转向专制型。例如，当管理者让员工参与决策有较多的冲突时，他不得不改变策略，由自己来做出决策，对下属采取更高的控制等。如果团队的工作环境要素多变，工作任务复杂，团队成员本身的素质较高，适合采用民主型管理风格时，破坏性冲突使得团队领导经常性采用专制型管理风格，实际上会降低员工的工作满意度和士气。

（2）破坏性冲突会造成人际关系紧张，增加团队成员的压力。在破坏性冲突发生的过程中，冲突双方有时会出现恶意攻击、无端谩骂、人身侵犯行为等，恶意的攻击语言或行为极有可能会导致冲突双方的关系恶化，使得原本相互信任相互支持的关系变成相互怀疑和相互敌视，长时间互不理睬，工作中难以协调，团队内部的人际关系复杂化、紧张化。在这样一个关系紧张的团队工作，团队成员不良情绪不断积累，工作压力增大，极不利于团队成员的身心健康。当冲突在某些团队成员中多次发生时，还可能使冲突双方产生消极的刻板印象，冲突双方时常会由于冲突的存在而感到对方故意与自己作对，对对方的消极方面的感知容易夸大，并形成刻板印象。当冲突双方不是团队中的单个人而是多个人时，还会在团队中形成相互抵触的小群体，对团队的凝聚力产生很大的破坏。

（3）破坏性冲突会破坏团队规范的约束性，降低团队绩效。在冲突发生时，团队的规范性很有可能会被瓦解，尤其是面对大范围蔓延的冲突时，一部分员工会对组织或团队的指令、命令茫然无措；一部分团队成员则会把组织的指示、命令当作儿戏，不受上级的约束，严重地破坏团队的结构和秩序。如果团队中的冲突没有得到有效解决，会严重损害当事人对于团队的依赖，从而降低当事人的团队归属感，最严重的是，冲突会造成个人对团队的离心力，破坏团队的团结。此外，冲突也可能使团队中有限的资源更加紧张，导致资源分配更加不公平，挫伤一部分成员的工作积极性。

（4）破坏性冲突会使团队目标的一致性受到破坏，甚至使团队的功能瘫痪。共同目标是团队的基本构成要素，没有共同目标，团队就没有存在的基础。与建设性冲突不同，破坏性冲突中的冲突双方不关心团队的共同目标，而只关心自己观点的输赢。在破坏性冲突中，如果冲突的双方所持的观点在目标上背道而驰，他们有可能不再围绕团队的共同目的来进行思考，而是强调各自的利益和目标诉求，团队成员在目标上的分歧无法通过沟通达到一致性。一旦团队成员之间没有了共同认可的目标，团队的基础就会崩塌，团队的功能随之瘫痪，团队1+1大于2的效应也就不复存在，反而会出现"三个和尚没水喝"的低效率，甚至无效率现象（见表6-2）。

表6-2 建设性冲突与破坏性冲突的比较

建设性冲突	破坏性冲突
双方对实现共同目标的关心	双方对赢得观点胜利最为关心
乐于了解对方的观点或意见	不愿意听取对方的观点或意见
大家以争论问题为中心	双方由意见或观点的争论转为人身攻击
双方沟通日益增加	互相沟通减少，以至完全停止

第二节 团队冲突过程

团队冲突是一个动态平衡过程，是从冲突的相关主体的潜在矛盾映射为彼此的冲突意识，再酝酿成彼此冲突行为意向，然后表现出彼此显性冲突行为，最终造成冲突的结果与影响。这是一个逐步演进和变化的互动过程。

美国学者庞地将冲突的过程分为五个阶段（见图6-2）。

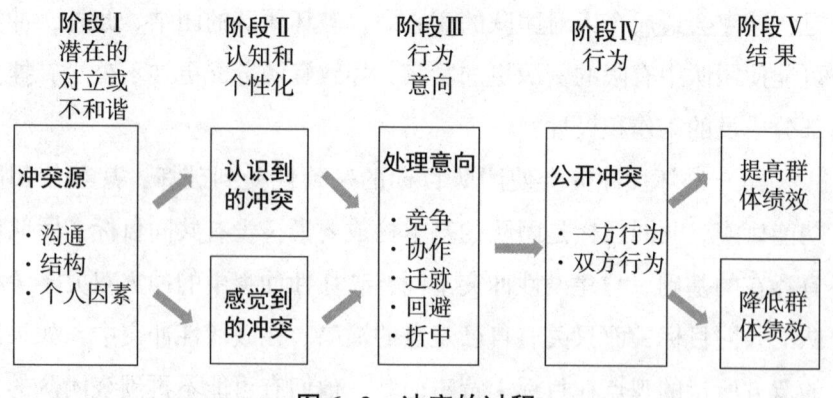

图6-2 冲突的过程

一、潜在对立或不一致阶段（潜在的冲突）

潜在对立或不一致是因为团队中发生交互关系和互动过程的不同主体彼此之间存在能够引发冲突的一些因素，这些因素也叫作冲突源。冲突源可以是团队成员个体间的差异，也可以是团队结构的某些特征。在这一阶段，冲突处于潜伏状态，存在能够引起冲突的因素，但这些因素并未达到能够引起冲突的临界点，还没有直接导致冲突，但却潜伏在冲突的背后，成为冲突产生的"导火索"。可以说，在团队中潜在冲突随时存在。因为团队成员彼此具有相互依赖关系，而且存在各种各样的差异性。一般来说，彼此差异性越大，促使冲突表面化的可能性就越大，冲突的潜伏期就会越短。具体来说，引起团队冲突的潜在因素可以分为以下三类。

（一）团队个人因素

世界上没有完全相同的两个人，个人的个性、价值观、认知、态度甚至主观印象等方面存在的差异会导致各种各样的冲突。导致冲突产生的个体因素包括：个性差异、技术和能力差异、价值观差异等。

1. 个性差异

个性是个体在物质活动和交往活动中形成的具有社会意义的稳定的心理特征系统，个性的独特性和稳定性特征，决定了团队的每一个人的个性都存在差异。在团队的组建过程中，尽管已经考虑到团队成员在性格上的相融性，但不同的工作岗位对性格的要求，必须使团队成员的个性存在异质性。不同个性的成员面对同一件事所持有的态度不同，采取的行动不同，从而产生冲突。

例如，某个成员思维活跃，思路开阔，观念新颖，富有丰富的想象力和高度的创造力；但他可能不愿受条条框框约束，工作中不拘小节，难守规则，与人沟通较为困难。而团队中另一位成员则非常现实、传统甚至有些保守，有很好的自控力和纪律性，计划性强，喜欢用系统的方法解决问题。这两种个性的人在对同一个事情的态度上肯定会有很大的不同,这样冲突就在两人之间产生了。

2. 技术与技能差异

团队的成员各自都有自己的工作技术和技能,但这些与工作相关的技术和技能也存在差异性。这种差异性首先表现在技术与技能的性质不同,例如,一个团队中有的人的工作技术是财务管理,有的人的工作技术是产品研发;这些不同的技术分别与各自的岗位与角色匹配。此外,同一性质的技术也存在高与低、熟练与生疏之间的差异,如同样是软件开发技术,有些人是行业内的精英,有些人是刚入门的新人;对于拥有不同技术的人来说,"隔行如隔山",互相之间的理解、交流出现困难,容易产生冲突。对于技术高低不同的人来说,也容易因工作能力的强弱而产生冲突。

3. 价值观差异

价值观是指一个人对周围的客观事物(包括人、事、物)的意义、重要性的总评价和总看法。一方面,表现为价值取向、价值追求,凝结为一定的价值目标;另一方面,表现为价值尺度和准则,成为人们判断事物有无价值及价值大小的评价标准。团队中的每个成员由于成长的环境不同,受教育的程度不同,参与社会实践活动不同,因而对于事物的看法和评价标准也会不同。因此,对于同一事物,不同的个体会持有不同的价值观,产生不同的态度和行为。这种不同的态度和行为,有可能导致冲突。尤其是当团队成员来自不同的国家,文化背景的差异带来不一样的思想、文化和价值观,这种不同的思想、文化和价值观的碰撞也是导致冲突产生的潜在因素之一。

(二)团队结构因素冲突

团队的结构因素冲突通常是指由于团队的性质和工作方式等因素造成的冲突。团队结构因素通常包括:团队角色配置、团队的规模与任务依存度、资源稀缺性、目标差异性及管理范围的清晰性等。

1. 团队角色配置

造成团队冲突的一个结构因素是团队的角色构成。团队中的每个人分别扮演不同的角色，贝尔宾团队角色理论认为一支结构合理的团队应该由9种角色组成，现实的团队虽然不是9个人组成，可能存在一个人担任多个角色，或几个人同时担任某一角色的现象，但至少有这9种角色中若干个角色。不同角色的人因其职责不同，有可能存在本位主义的思想，只考虑自己承担的职责，从而与其他的角色产生冲突。如完美主义者在管理方面崇尚高标准、注重准确性、关注细节；但创新者通常好高骛远，无视工作细节和计划，强调自己的观点。总之，团队成员分工的高度专业化，使每个人都成为某领域的专家，对其他成员的工作缺乏了解，从而导致冲突。这类冲突类似于自扫门前雪，由于不了解其他领域的情况，只从本领域出发，为实现本领域的利益甚至可以牺牲其他领域。

2. 团队的规模与任务依存性

通常来说，团队的规模不宜太大，研究发现，团队规模应小于12人。规模过大的团队目标一致性降低，社会惰化明显，沟通障碍增加，社会凝聚力下降，相互依赖困难，小团体出现的概率增加。团队超过适度规模越多，发生冲突的可能性就越大。任务的依存性是指团队成员任务的完成在材料、技术、信息等方面依赖于团队其他成员。因此，要求团队成员花时间、精力来协调和共享信息及资源。在协调不一致时，冲突就发生了。团队任务的依存度越大，冲突出现的概率也越大。

3. 资源稀缺性

因资源稀缺而产生的冲突，是冲突发生中最常见的原因。工作任务的完成都需要相应的资源，资源的多少与工作任务完成的难度有直接关系。然而各种资源对于团队所在的组织来说是稀缺的，组织分配给每个团队的资源是有限的。为了顺利完成各自的工作任务，团队成员都想尽可能多地占有资源，从而导致冲突的产生。资源冲突的危害非常大，会造成团队成员之间的关系紧张，相互之间敌对，工作链断裂等。同时也会造成个人对团队的不信任，甚至有可能因争夺资源而故意拉帮结派的小群体现象。当一些优秀员工感觉团队资源分配不公，不能支撑其能力的发挥，很可能会选择离开团队，致使团队人力资源的流失。

4. 目标差异性

团队由个体构成，每个团队成员都有各自不同的目标，如何将这些相异的目标统一到团队的共同目标之下，是每个团队领导面临的挑战，如果某个团队成员个人目标的实现影响到团队共同目标的实现，从而影响到其他成员目标的实现，冲突就发生了。

5. 管理范围的清晰性

造成团队冲突的另一个结构因素是某些职责或权限的模糊性。一个运行良好的团队必须要有完整的规章制度，每个角色的职责和权限都明晰清楚，从而使团队成员的工作规范科学，各项工作有条不紊。没有对职责和权限的清晰界定，团队的工作谁来干、干什么、如何干、成果归谁、利益如何分配等问题界定不清，权责混乱，角色模糊。这就意味着有些事情你可以管我也可以管，或者有些事你可以不管我也可以不管。在双方互相推卸责任或争夺权限的过程中，就会产生冲突。因此，职责和权限设计得越明确，就越能避免冲突。

（三）沟通障碍因素

在组织行为学中，人们将组织中各种信息的发送、传递与接受等过程称之为沟通。沟通既是人们之间传递信息、命令、观点、态度的过程，也是感情交流的过程。沟通障碍是引起团队冲突的重要方面。团队成员之间彼此存在差异，如果能够顺利进行交流，相互理解，那么发生冲突的可能性就会大大减少。相反，如果沟通渠道不顺畅，沟通活动缺乏，冲突就会出现。

团队沟通障碍经常表现在信息的差异、评价指标的差异、倾听技巧的缺乏、语言理解的困难、沟通过程中的噪声及团队成员之间的误解等方面。

二、认知和个性化阶段（知觉的冲突）

如果说第一步潜在的对立或不一致是冲突的导火索，那么进入认知和个性化阶段后，第一阶段埋藏的冲突因素就开始显现。在这一阶段，冲突的一方或多方开始知觉到冲突的存在，客观存在的对立或不一致将被冲突的主体意识到，产生了相应的知觉，并尝试判断属于何种冲突，冲突来源与性质是什么。如果这种冲突和对立不会引起冲突一方或多方的紧张或焦虑，则不会影响冲突一方或多方的行为。然而，当冲突的主体体验到了冲突带来的紧张、焦虑等情绪，冲突就开始明朗化，潜在的冲突开始向显性的转化。

意识到冲突并不代表冲突已经个性化，对冲突的个性化处理将决定冲突的性质。双方面临冲突时会有不同的心理反应，他们对冲突性质的界定在很大程度上影响着解决的方法。在该阶段，特别要注意两点：一是个体定义冲突的方式。当个体认为冲突是一种你增我减，你强我弱的性质时，冲突会迅速升级。例如，团队决定给某位成员加薪，这在其他成员看来，有人可能认为与自己无关，从而淡化问题，这时冲突不会发生；而另外一些人可能会认为对别人的加薪就意味着自己工资的下降，在这种情况下，冲突就难以避免了。二是个体的情绪对冲突有很重要的影响。当冲突产生时，个体将个人情感带入冲突中会影响冲突的解决；相反，当个体能理性地看待冲突时，冲突会很快显现并容易解决。

三、行为意向阶段

冲突的第三个阶段是行为意向阶段，这一阶段的特点体现在团队成员意识到冲突后，要根据冲突的定义和对冲突的认识与判别，开始酝酿和确定自己在冲突中的行为策略和各种可能的冲突处理方式。行为意向的可能性包括以下几种（见图6-3）。

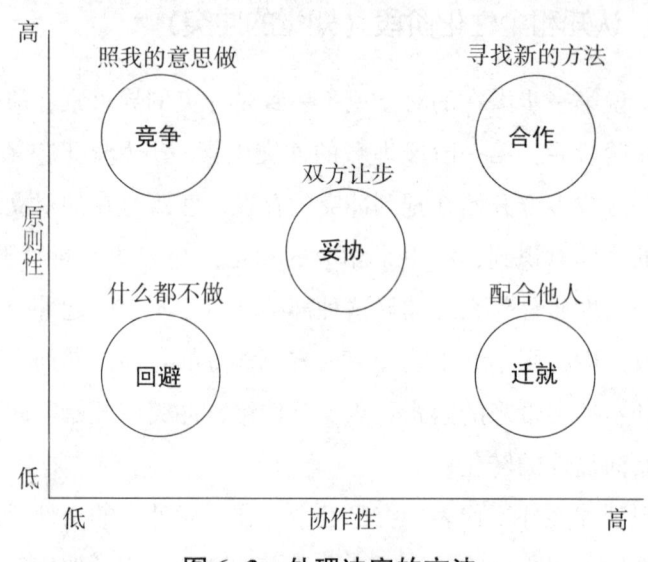

图 6-3 处理冲突的方法

（一）回避

回避是一种团队成员相互不合作的处理冲突的消极行为意向。这种行为意向表现在对冲突采取的既不合作，也不维护自身利益，使其不了了之的做法上。倾向采取的行为意向有：无视冲突的存在，保持中立；避开与自己有冲突的另一方；回避与自己不同的意见等。团队在某些情境会较多地采用回避的方式，例如，冲突起因于琐碎小事，能否解决无关宏旨；团队没有充足的时间和信息去解决某一冲突；在冲突的双方力量对比中，冲突的一方处于弱势，即使据理力争也无法影响最终结果。然而，当发生的冲突得不到妥善的解决就会影响团队整体目标的实现，导致团队绩效下降。

（二）合作

合作是一种既有原则性又有合作性的积极行为意向。这种行为意向旨在通过与对方一起寻求解决问题的方法，进行互惠互利的双赢谈判来解决冲突。采用合作行为的人往往既关心自己的利益，也考虑他人的利益，努力寻找双方利益的共同点和契合点，达成令双方都满意的方案。

此方法适用于解决成员之间共同利益较多和具有理解、沟通基础的团队冲突。

（三）妥协

妥协是一种具有中等原则性和中等合作性的行为意向，可以将它看作是半积极的行为意向。采用妥协行为的人对自身利益和他人利益都给予适当程度的关注，双方通过"讨价还价"的方式进行谈判，各自做出一定的让步，放弃一部分利益，寻求双方都能接受的方案，以求事物的继续发展，双方也共同承担后果。相对于合作方式，妥协方式并不是谋求双方最满意方案，而是寻求双方利益的折中点。在团队为处理复杂问题而寻求一个暂时的解决方案时，常常用到这种方法。

（四）竞争

竞争是一种团队成员坚持原则而不愿意相互合作的行为意向。采用竞争行为的人往往利用权力优势、地位优势、资源优势等迫使冲突的另一方妥协和退让，最终实现自己的目标和利益。这种行为意向旨在寻求自我利益的满足，而不考虑他人，它在团队中具有一定的对抗性。当团队需要做出快速、重大的决策，并采取重要的但不受欢迎的行动时，往往用到这种方法。

（五）迁就

迁就是一种高合作性而低原则性的行为意向。采用迁就行为的人往往考虑对方的利益诉求和目标，采用迎合的态度服从对方的意愿，压抑甚至是牺牲自己的利益。这种行为意向旨在维持整体的友好关系，冲突一方做出让步，甚至愿意自我牺牲，以服从他人的观点。此方法适用于将团队工作的重点放在营造和谐、平静气氛的冲突的解决（见表6-3）。

表6-3 团队冲突

冲突处理方法	适用情境	不适用情境
回避	1. 事情很小，或者有更紧迫的事情要做 2. 感到自己的要求不可能得到满足 3. 处理冲突所带来的潜在破坏性要大于好处 4. 让别人冷静下来再赞成你的观点 5. 需要先搜集信息，而不是立即决策 6. 其他人能够更有效地解决冲突 7. 该事件与其他事件有关	1. 问题对自己很重要 2. 做出决定是自己的责任 3. 双方都不愿意拖延，问题必须马上解决
合作	1. 双方的考虑都很重要，从而需要妥协，双方必须与对方合作才能获得双赢 2. 双方目标一致，只是存在任务或过程的差异，关系冲突水平较低，双方相互依赖水平适中 3. 需要综合不同观点，要通过整合意见达成一致来获得承诺 4. 克服干扰人际关系的情感 5. 有充分的时间	1. 问题或任务很简单 2. 要求迅速做出决策 3. 另一方不关心最终结果
妥协	1. 不值得采取果断的行为 2. 双方的权利相当，目标不一致 3. 让复杂的问题获得临时的解决 4. 由于时间紧迫，采取便利的解决问题方案 5. 作为合作和竞争的备份	1. 一方更有实力 2. 问题复杂到需要通过"解决问题"的方式来解决

续表

冲突处理方法	适用情境	不适用情境
竞争	1. 当事情重要需要迅速采取果断行动时，必须快捷果断采取行为，自身占据强势的位置 2. 当需要实施一项重要但不受欢迎的方案时 3. 在对组织利益很关键的事情上，你认为你是正确的。对于不合理的要求及严重违反规章制度、侵害他人利益的行为，自己有责任予以纠正 4. 为了反对利用自身软弱妥协行为的人。面对不合理或不正当竞争，自身合法权益受到损害，无论处于劣势还是强势，都必须维护自身利益 5. 不需要建立长期利益关系 6. 事关你的切身重大利益。自身利益很重要，并占据有利的位置，拥有良好的支持环境，很广的人脉，处于强势状态，极力维护自身的利益	1. 问题比较复杂 2. 问题对你并不重要 3. 双方实力相当 4. 一定要立即做出决策 5. 下属能力很强
迁就	1. 你发现自己错了，为赢得长期利益或者更多利益做出必要的退让 2. 事件对别人来说更为重要 3. 为以后的谈判建立信用基础 4. 在失败情况下减少损失 5. 和谐和稳定特别重要，放弃局部利益以保证整体利益 6. 让下属从错误中汲取经验教训	1. 问题对你很重要 2. 你相信自己是对的 3. 另一方错误的或不道德行为

四、冲突行为阶段

冲突行为阶段是指冲突公开表现的阶段，也称冲突出现阶段。进入此阶段后，不同团队冲突的主体在自身冲突行为意向的引导或影响下，正式做出一定的冲突行为来贯彻自己的意志，试图阻止或影响对方的目标现实，努力实现自己的愿望。其形式往往是一方提出要求，另一方进行争辩，是一个相互的、动态的过程。

这一阶段的行为体现在冲突双方进行的说明、活动和态度上，即一方采取行动会看另一方的反应。此时，冲突的行为往往带有刺激性和对立性，而且有时外显的行为会偏离原本的意图。图6-4比较完整地表达了冲突行为的连续性。

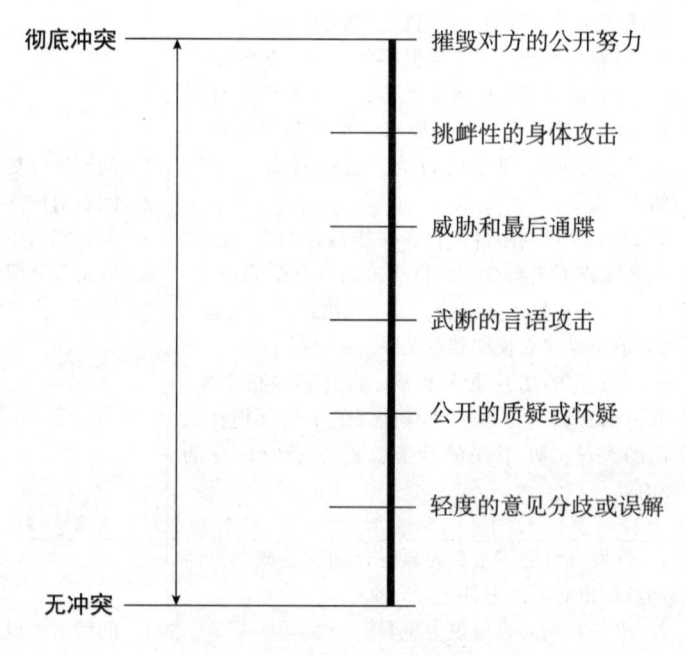

彻底冲突 —— 摧毁对方的公开努力
　　　　　　挑衅性的身体攻击
　　　　　　威胁和最后通牒
　　　　　　武断的言语攻击
　　　　　　公开的质疑或怀疑
　　　　　　轻度的意见分歧或误解
无冲突

图6-4　冲突强度连续图

图6-4从底部到顶端，冲突行为逐步升级。首先是轻度的意见分歧和误解；其次是演变成为公开的质问或怀疑，接着变成语言的攻击；再次是演变威胁和通牒，威胁和通牒过后则发展成为武力相向甚至是摧毁对方。分析这个冲突升级的过程，我们会发现小到个人间的冲突行为，大到国家间的冲突行为都服从这个规律，团队的冲突亦然。如果上升到该图的顶端，则会造成很大的破坏性。

五、冲突结果阶段

团队中冲突双方之间的行为——反应相互作用可能造成两种截然相

反的结果。如果冲突能提高决策的质量，激发革新与创造，调动群体成员的兴趣与好奇，提供公开问题，解除紧张的渠道，培养自我评估和变革的环境，那么这种冲突就具有建设性。如果冲突带来了沟通的迟滞，组织凝聚力的降低，组织成员之间的明争暗斗成为首位，而组织目标降到次位，那么这种冲突就是破坏性的，在极端的情况下，会威胁到组织的生存。

第三节　团队冲突的处理

当发生团队冲突时，首先要对冲突的性质进行全面细致的分析，在实践过程中，常常会遇到各种各样的冲突：有的已经形成现实，有的还是潜在的；有的水平过低，有的过高；有的是建设性的，有的是破坏性的。所以必须要分清各种各样的冲突，才能采取有效的方法，有针对地解决问题。这里所说的处理团队冲突包括消除破坏性的冲突和激发建设性的冲突两个方面。

一、团队冲突管理的概念

团队冲突管理的概念也可以分为狭义和广义两种。狭义的团队冲突管理聚焦于团队冲突的行为意向和冲突的行为，旨在研究团队冲突在这两个阶段的特点、管理策略及技巧。广义的团队冲突管理则关注冲突的全过程，包括团队冲突双方对于冲突的发现、认识、分析、处理、解决的全过程和所有相关环节。

二、团队冲突管理的原则

斯坦福大学艾森哈德（Eisenhardt）教授等通过对组织内功能性冲突的深入研究，提出了以下几项关于冲突管理的基本原则，这些原则同样适用于团队的冲突管理。

（1）将冲突指向到具体的事情上。当团队中出现冲突时，冲突双方在讨论、争辩时应该关注冲突事件本身，不要针对持不同观点和意见的团队成员，讨论对方有关冲突事件的观点的正确性，而不是全面否定对方的能力与价值观等，更不要将争论延伸到本次冲突事件以外的事件中，对冲突的对方进行某种定性。这种做法也即是常说的"对事不对人"。

（2）准备多种解决方案。适度的妥协和退让是解决团队冲突的常见方式。为此，冲突的双方都可以设计出自己能够接受的多种方案，而不是只设计自己最满意的方案。这样，在讨论过程中，可以与冲突对方通过谈判和沟通，找到双方都能接受的适中方案，从而达到认知和行动方案上的一致性，避免因过度坚持自己的最优方案而使冲突无法解决。

（3）树立共同追求的目标。当团队冲突双方无法达成共识，关系恶化，冲突得不到解决时，重新强调团队的共同目标，甚至重新建立团队的共同目标就变得十分必要。只有当冲突的双方有共同的目标，才能奠定建设性冲突的基础，冲突的结果才能促进团队绩效的提高。

（4）不要强迫达成共识。团队中存在不同声音是正常现象，不能为了追求绝对的一致性而强迫达成共识。在处理冲突时，应该求同存异，只要出现彼此可以接受的妥协结果，就可以付诸实施。但是，如果团队在没有达成绝对一致的共识时做出了某些决策，持不同意见的成员在行动中必须放弃自己的意见，贯彻团队的决策意见。

三、团队冲突管理的过程

团队冲突管理的整体过程可以概括为由冲突认知、冲突诊断、冲突处理、冲突效果评价和冲突结果反馈5个环节所组成的闭环系统（见图6-5）。

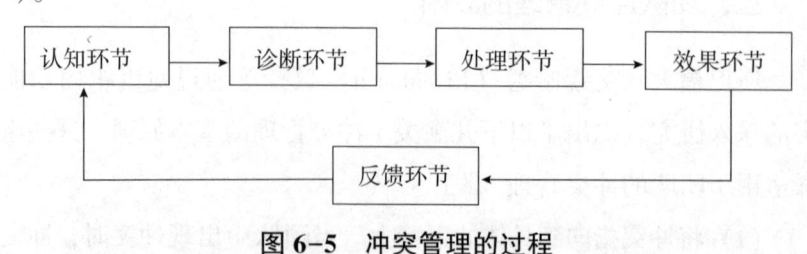

图6-5 冲突管理的过程

（一）冲突认知环节

冲突认知环节是团队冲突管理的起始环节。此环节重在调查研究，收集资料。弄清问题是什么？问题在哪里？原原本本、客观真实地了解清楚问题，认知冲突各方潜在的对立或不一致，彼此间的差异性和相互依赖性，冲突的外在表象、起因、走向，外部环境和内部条件等，为后续工作打实基础。

（二）冲突诊断环节

冲突诊断环节是团队冲突管理的前提。若冲突诊断找不到冲突的病症、病因，则冲突管理方法与手段再高明，也难以成功，甚至可能因为"误诊"而"坏事"。管理者在冲突诊断环节中重在辨别、分析、判断冲突问题，要能够正确衡量和分析冲突是什么类型，冲突发生在哪个层面，冲突过程中双方的角色态势，冲突各方期望的理想结构是什么，冲突的强度、频度情形如何，冲突发展的可能方向何在等。只有在诊断中正确把握了冲突的各项特点，才能在下面的环节中顺利地解决冲突，并使团队绩效得到提升。

（三）冲突处理环节

冲突处理环节是实施团队冲突管理、实际干涉、调控冲突的行为活动环节。冲突管理者需要根据诊断环节的工作结果或"诊断结论"，开具冲突解决的"药方"，选取适当的冲突解决方法，来实际处理冲突，争取理想的冲突管理结果。团队的领导应当适当综合运用过程法和结构法来管理冲突。

（四）冲突效果评价环节

冲突效果评价环节是指团队冲突行为产生的客观结果和影响时的冲突管理环节，对于冲突结果的管理主要是对其冲突的结果和影响，以及冲突管理的成效进行评价、衡量，并反馈到冲突管理认知等环节。冲突管理的效果评价环节可以使用目标实现、内部过程和战略影响等不同评价方法来进行冲突管理。

（五）冲突结果反馈环节

冲突结果反馈环节是冲突管理过程的最后环节。在这一环节中，要对冲突管理整个过程和结果进行总结和反思，并将总结和反思结果传递到认知等环节，调整修正在各个环节采用的冲突管理的方式或方法，以利于今后冲突的调整和干预。

四、团队冲突处理技术

（一）消除破坏性冲突的技术

（1）召开面对面的会议。这是指把问题摆在桌面上，以正式沟通的方式，列出导致团队冲突的主要分歧所在，不争胜负，只允许讨论消除分歧和妥善处理的方法及措施。

（2）角色互换。由于成员信息、认识、价值观等主观因素的不一致，常常会引发冲突。鉴于此，团队成员之间可以设身处地为对方着想，从而达到相互理解，并解决冲突问题。

（3）转移目标。转移目标的方法有两个方面：一是转移到外部，指双方可以寻找另一个共同的外部竞争者或一个能将冲突双方的注意力转向外部的目标，来降低团队内部的冲突；二是目标升级，指通过提出能使双方的利益更大的，并且是高一级的目标，来减少双方现实的利益冲突，这一更高的目标往往是上一级提出的。在团队中转移目标和目标升级的过程可以使冲突双方暂时忽略彼此的分歧，从而使冲突逐渐化解。同时，由于目标的变化，双方共同合作的机会增加了，这有利于双方重新审视自己工作中的问题，从而加强成员间的共识与合作。

（4）开发资源。如果冲突的发生是由于团队资源的缺乏造成的，那么致力于资源的开发就可以产生双赢的效果；如果是由于缺乏人才，团队就可以通过外聘、内部培训来满足需要；如果是由于资金缺乏或费用紧张，则可以通过申请款项和贷款等方法来融通资金，以满足不同团队的需求，从而化解冲突。

（5）回避或抑制冲突。回避或抑制冲突是一种消极的解决冲突的方法，是一种试图将自己置身于冲突之外，或无视双方分歧的做法，以"难得糊涂"的心态来对待冲突。这种方法常适用于以下情形：面临小事时；当认识到自己无法获益时；当付出的代价大于得到报偿时；当其他人可以更有效地解决冲突时，以及当问题已经离题时。此方法可以避免冲突的扩大或减少冲突的消极结果。

回避或抑制冲突的具体方法主要有：①忽略冲突并希望冲突消失；②控制言行来避免正面冲突；③以缓和的程序和节奏来抑制冲突；④将问题束之高阁不予解决；⑤以组织的规则和政策作为解决冲突的原则。

（6）缓和。缓和法的思路是寻找共同的利益点，先解决次要的分歧点，搁置主要的分歧点，设法创造条件并拖延时间，使冲突降低其重要性和尖锐性，从而变得好解决。虽然此法只是解决部分的而非实质性的冲突，但却在一定程度上缓和了冲突，并为以后处理冲突赢得了时间。具体的方法如下：

第一，降低分歧的程度，强调各方的共同利益和共同做法，使大事化小，小事化了。

第二，相互让步，各有得失，令各方都能接受，即中庸之道，需要双方都做出让步才能取得大家都能接受的结果。应当注意的是，冲突很可能还会再出现，因此，要尽快地解决问题。

（7）折中。折中实质上就是妥协，团队冲突的双方进行一种"交易"，各自都放弃某些东西以共同分享利益，适度满足自己的关心点和满足他人的关心点，通过一系列的谈判和让步避免陷入僵局，冲突双方没有明显的赢家和输家。这是一种经常被人们使用的处理矛盾的方法，一般有助于改善冲突双方的关系并使之保持和谐。

折中通常在以下场合运用：①当合作或竞争都未成功时；②由于时间有限而采用的权宜之计；③当对方权力与自己相当时；④为了使得复杂的问题得到暂时的平息时；⑤目标很重要，不值得与对方闹翻时。

运用此方法时，要注意双方应当相互信任并保持灵活应变的态度，不能为了短期利益牺牲了长远的利益。

（8）上级命令。上级命令是指通过团队的上级管理层运用正式权威来解决冲突。当冲突双方通过协商不能解决冲突时，按"下级服从上级"的团队原则，强迫冲突双方执行上级的决定或命令。这种使用权威命令的方法一般是不能从本质上解决问题的，只有在紧急情况下才有其特殊的作用，不能滥用命令，并要注意上级裁决的公正性。

（9）改变人的因素。团队之间的冲突在很大程度上是由于人际交往技巧的缺乏造成的，因此，运用行为改变的方法（如敏感性训练等）来提高团队成员的人际交往技能，是有利于改变冲突双方的态度和行为的。此外，通过对冲突较多的部门之间的人员进行互换，也有利于工作的协调和冲突缓解。

（10）改变组织结构因素。通过重新设置岗位、进行工作再设计及调动团队小组成员等方式，可以因改变正式的组织结构、变化工作目标而减缓冲突，也可以协调双方相互作用的机制，还可以消除冲突根源。进行团队改组，重新设计团队现在的工作岗位和责权关系，以确保职责无空白、无重叠，即基于新的任务组建新的团队，将有利于彻底解决冲突。

（二）激发建设性冲突的方法

（1）上级向下属团队提倡新观念、鼓励成员创新，明确冲突的合法地位。对于冲突过程中出现的不同意见乃至一些未确认的"错误"，团队管理者不应轻易地进行批评、指责，而是给予冷静的分析，对于引发冲突的原因进行深入的思考。例如，惠普公司对持不同意见的人进行奖励，不论其想法是否被企业采纳。又如，IBM 的员工可以评判和批评自己的上司，对上司提出质疑，而不受到惩罚。这些都是运用沟通激发的有效冲突。

（2）运用具有威胁性或模棱两可的信息促进人们的积极思维，改进对事物漠然处之的态度，提高冲突的水平。例如，团队的领导者在任命重要职位的干部时，可以先把可能的人选信息通过非正式渠道散布为"小道消息"，以试探和激发公众的不同反应与冲突。当引发的负面反应强烈,冲突水平过高时,则可以正式否认或消除信息源;若是冲突水平适当,正面反应占主导时,则可以正式任命。

(3)鼓励团队成员之间的适度竞争。鼓励竞争的方式包括开展生产竞争、公告绩效记录、根据绩效提高报酬支付水平等。竞争能够提高团队成员的积极性。但是,必须注意对竞争加以严格控制,严防竞争过度和不公平竞争对团队造成的损害。

(4)引入新人。引进新人作为激励现在成员的作用机制,被人们称为"鲶鱼效应"。其机理在于通过从外界招聘或内部调动的方式引进背景、价值观、态度或管理风格与当前团队成员不同的个体,来激发团队的新思维、新做法,造成与旧观念的碰撞、互动,从而形成团队成员之间的良性冲突。此方法鼓励竞争,而且从外部进入的不同声音,还会让领导者"兼听则明",做出正确的决策。

(5)重新构建团队。重新构建团队是指改变原有的团队关系和规章制度,变革团队和个人之间的相互依赖关系,重新组合成新的工作团队。这种做法能够打破原来的平衡和利益关系格局,从而提高冲突水平。重新构建团队与前面的"改变组织结构"是相似的,不同的是,这里的"构建新团队"的方法是主动的,而前面的"改变组织结构"的方法是被动的。

(三)冲突的管理与解决

管理和解决好冲突:一要分清冲突的性质,对于建设性冲突,由于双方目标一致,都希望寻求实现目标的最佳途径,都愿意取长补短,因而对这类冲突应因势利导,使之成为推动工作的动力。对于破坏性冲突,由于双方的目标不一致,且双方关心胜败的最终结果,往往听不进对方的意见。对这类冲突要谨慎处理,做好矛盾的转化工作。二要针对不同类型的冲突采取不同的措施。对于个人的心理冲突,要比较优劣,尽快选择,从烦恼中走出来。解决群体中个人之间的冲突,要使成员敢于发表意见,使上下左右信息畅通,沟通方便,增进了解和友谊。防止和减少群体之间的冲突,要做好群体教育和疏导工作,提倡顾全大局和协作精神，反对本位主义。制定较高目标，动员各个个体同心协力地为实现目标而努力工作；加强信息沟通，增进彼此了解，达到谅解与信任；公平待人，增强奖励、评价与利益分配的公正性。同时，在冲突发生时，可以通过双方协商请第三者仲裁或请主管部门出面从组织上消除矛盾，解决问题。

案例一：鲇鱼效应

以前，沙丁鱼在运输过程中成活率很低。后来有人发现，若在沙丁鱼中放一条鲇鱼，情况却有所改观，成活率会大大提高。这是何故呢？原来鲇鱼在到了一个陌生的环境后，就会"性情急躁"，四处乱游，这对于大量好静的沙丁鱼来说，无疑起到了搅拌作用；而沙丁鱼发现多了这样一个"异己分子"，自然也很紧张，加速游动。这样沙丁鱼缺氧的问题就迎刃而解了，沙丁鱼也就不会死了。

鲇鱼效应是采取一种手段或措施，刺激团队活跃起来投入到市场中积极参与竞争，其实质是一种负激励，是激活团队成员的奥秘。

讨论：
鲇鱼效应的启示

案例二：和尚认错

一座山上有两间和尚庙，甲庙的和尚经常吵架，互相敌视，生活痛苦；乙庙的和尚，却一团和气，个个笑容满面，生活快乐。于是，甲庙的主持便好奇的前来请教乙庙的小和尚："你们为什么能让庙里永远保持愉快的气氛呢？"小和尚回答："因为我们经常做错事。"

甲庙主持正感疑惑时，忽见一名和尚匆匆由外归来，走进大厅时不慎滑了一跤，正在拖地的和尚立刻跑了过去，扶起他说："都是我的错，把地擦的太湿了！"站在大门口的和尚，也跟着进来懊恼地说："都是我的错，没告诉你大厅正在擦地。"被扶起的和尚则愧疚自责地说："不！不！是我的错，都怪我自己太不小心了！"前来请教的甲庙住持看了这一幕，心领神会，他已经知道答案了。您知道了吗？

讨论：

乙庙和尚如何保持愉快的气氛

_____
_____
_____
_____
_____

案例三：如何进行企业内部冲突管理？

方敏是一名新上任的门店经理，掌管着由200多名店员组成的大团队。该门店人员众多，组织机构完善，岗位职责明晰，方敏原以为管理起来应该可以得心应手。但上任没多久，他就发现，部门经理之间存在着激烈的管理冲突：这天上午，采购部经理找到方敏，说药店急需增加新药品种，但财务经理不能提供进货资金。对此，财务经理的回答是："之所以不能提供资金，是因为这段时间门店销量不好，而且药店的一些外欠款没有及时回。"方敏又叫来了销售经理，销售经理说："因为采购部门采购失误，造成部分产品滞销，因此门店业绩出现大幅下滑！"兜了一个圈儿，问题又回到了采购部。此外，药店的部门经理之间常常因为一件小事没有得到及时处理，而相互指责和埋怨。

讨论：
方敏该如何进行企业内部冲突管理

案例四：公司是否应该引进自动化财务系统？

专家意见

方法：新系统应该立即全面安装。

价值观：我们必须做到现代化和高效率。

事实：自动化将为公司节约成本。

目标：我们需要快速准确的数据传输和整理。

财务部意见

方法：让我们慢些采取行动，一次走一步。

价值观：我们必须考虑长期忠实地为公司服务的员工。

事实：安装、运行新系统成本高昂。

目标：我们需要灵活的财务系统，以满足多变的需要。

讨论：
公司是否应该引进自动化财务系统？你的决策是什么

_____
_____
_____
_____

团队成员异见处理的原则

要有好的风气。对事不对人；任何异见，不要改变小组的人际关系气氛。

要有好的方法。将不同的意见汇集成为综合意见。

要有好的习惯。对待异见，最好的习惯是"检讨自己"。

要有好的方案。好的方案，不是最完美的，而是可以实行的并有效的，可用以下模式（阶梯技巧），如表6-4所示。

表6-4 异见处理的阶梯技巧

可能的解决方法	容易贯彻	费用高/低	高层管理者的支持	制造新的问题
1				
2				
3				

第七章 团队执行力

第一节 团队执行力的概述

世界首富比尔·盖茨坦言，微软在未来十年内所面临的挑战就是执行力。IBM总裁郭士纳也认为："一个成功的组织和管理者应该具备三个基本特征，即明确的业务核心、卓越的执行力及优秀的领导能力。"

从团队二字入手。一个团队需要许多方面组成，如以下4点：

人：队伍。

形：结构。

势：士气。

精神：企业文化。

对应这以上4点，一个缺乏执行力的团队一般会暴露出4大类问题：

人员问题：下属缺乏贯彻执行的能力。

结构问题：执行结构过于复杂，不适合贯彻执行命令。

士气问题：下属缺乏贯彻执行的原动力，或者下属贯彻执行时态度不端正。

团队文化问题：团队缺乏明确的奋斗目标或奋斗理念。

每个团队都有它的核心，用通俗的话来看就是其领导班子。领导班子结构既不可过于简单也不可过于复杂，需要根据整个团队的人数以及需要执行任务的难度而定。如果一个团队人数偏少、任务偏易，而执行结构却又偏复杂时，往往导致上级的精神与指示不能及时执行与贯彻下去。而相反，如果一个团队人数偏多、任务偏难，可是执行结构却过于简单的话，往往导致下级在执行任务的时候目的性不明确且任务过于繁重。

由此可见，作为一个具有高执行力团队的领导者，必须掌握结构复杂或简易的度。

如何管理好团队？

1. 目标与计划

团队应该有一个既定的目标，为团队成员导航，知道要向何处去，没有目标这个团队就没有存在的价值。有了清晰明确的目标后，团队应制订实现目标的行动计划，只有按计划执行并执行到位，团队才有取得佳绩的可能性。

2. 人与人才

人是构成团队最核心的力量。3个或以上的人就可以构成团队。团队要找到适合岗位需要的人，将人变为人才（有能力或潜能可以创造价值的人/有价值的人）。

3. 组织定位与职责分工

团队的定位：团队在组织中处于什么位置，由谁选择和决定团队的成员，团队最终应对谁负责，团队采取什么方式激励下属？个体的定位：作为成员在团队中扮演什么角色？具体的工作内容与责任是什么？

4. 权限与授权

在设计组织结构时，要明确团队领导人及各个岗位被管理者的权限，包括人事、财务、业务及其他工作权限。团队领导人要充分授权，让团队成员合理有效地分享权力、承担责任（当然授权离不开授责，也离不了有效的监督）。

5. 执行与结果、激励

团队成功最大的动能是执行力。执行力＝执行态度＋执行能力＋执行结果。团队所有的工作都是围绕结果来做的，对照目标检视结果，找到改善业绩更好的方法。对结果要进行激励，激励是行动的原动力。

6. 价值观

组织价值观是指组织及其被管理者的价值取向。简言之，即对事物的判断标准。因为有了这一判断标准，所以被管理者才知道什么是重要的，什么是可有可无的；什么是该做的，什么是不该做的；什么是可贵的，什么是要抛弃的。价值观决定了人的心态、意愿、意志，如果被管理者没有正确的价值观或不能认同组织的核心价值观，那是一件非常可怕的事情。

第二节　西点军校的二十二条军规

"不管你有多么伟大，你依然需要提升自己，如果你停滞在现有的水平上，事实上你是在倒退。"

——西点第一任校长　乔纳森·威廉斯

西点军校：美国将军的摇篮

西点军校号称"美国将军的摇篮"，许多美军名将如格兰特、罗伯特·李、艾森豪威尔、巴顿、麦克阿瑟、布莱德利等均是该校的毕业生。

它培育了一代又一代名将和军事人才，其中有3700多位将军，2位成为美国总统（格兰特和艾森豪威尔）。

除了军事、政治人才，第二次世界大战以后，在世界500强企业里面，西点军校培养出来的董事长有1000多位、副董事长有2000多位，总经理、董事一级的有5000多位。

一、西点军校的二十二条法则（军规）

第一章：服从（Obedience）

（1）无条件执行。

（2）工作无借口。

（3）细节决定成败。

（4）以上司为榜样。

第二章：团队（Group）

（1）荣誉原则。

（2）受人欢迎。

（3）善于合作。

（4）团队精神。

第三章：激情（Enthusiasm）

（1）只有第一。

（2）敢于冒险。

（3）火一般的精神。

（4）不断提升自己。

第四章：牺牲（Sacrifice）

（1）勇敢者的游戏。

（2）全力以赴。

（3）尽职尽责。

（4）没有不可能。

（5）永不放弃。

第五章：信仰（On belief）

（1）敬业为魂。

（2）为自己奋斗。

（3）理念至上。

（4）自动自发。

（5）立即行动。

二、西点军人的第一执行要点：火一般的热情

一个人最可怕的不是没有发现自己的缺点，而是没有发现蕴藏在自己身体内的巨大潜能，因为它可以改变世界！战场上，实力强的一方不

一定会赢……当两个人实力悬殊时，比较弱的一方如果拥有过人的意志力和热情，就有可能在危机中激发出不可思议的爆发力。通用电气集团CEO杰克·韦尔奇提出优秀领导者必须具备四种管理素质：活力与激情、激励别人的能力、决断力、执行力。

通过这四种的标准来评估每一个管理者，然后根据这四种标准将管理者分出 A、B、C 三个级别。组织要想成就伟大的事业，就必须持续打造一支具有活力和激情、能够激励别人、有决断力、有执行力的 4E 管理团队！

三、西点军人的第二大执行要点：无条件执行

案例阅读及讨论：罗马里奥缺席世界杯

罗马里奥是天才射手，巴西人的骄傲，心中英雄。

但在 2002 年世界杯开赛前被主教练开除了，为了参加世界杯，性格孤僻的"独狼"罗马里奥在记者招待会上苦苦哀求主教练，当众流下眼泪……

2002 年没有罗马里奥，巴西第五次获得世界杯冠军。

整体的巨大力量来自于个体的服从精神！

教练说：不要忘了谁是教练！

王石董事长服从班长的指令

万科的董事长王石是军人出身企业家，被称为房地产界的"登山勇士"。2003 年 5 月，王石作为组织领导第一个登上了珠穆朗玛峰山顶，在这次登山中，由于登山队长不让王石登顶，王石向队长发了火。按照行规，在登山中队长有绝对权威，王石发火后非常后悔，当场道歉，为缓和气氛和弥补自己的过失，第二天早上，王石悄悄把队长脱下的臭袜子洗了。

将军之路是从服从班长开始的！

服从：不问为什么，只想怎么做！

战场上，没有服从，就不会有胜利！

组织里，没有服从，个人能力再强，组织都会是一盘散沙！学会服从才能学会管理；避免重复犯错误，学习前辈的经验；减少摸索成本，提高效率品质。没有服从，就没有竞争力！

讨论：

为什么说团队一定要绝对服从

_____
_____
_____
_____

讨论：

为什么说将军之路是从服从班长开始的

_____
_____
_____
_____

四、西点军人的第三大执行要点：不断提升自己

一个观念——相对成长和绝对成长

相对成长的指标：

- 金钱。利益的得失，工资的多少。
- 权利。职位的高低，级别的高低。
- 地位。同事的看法好坏，领导的评价好坏。

绝对成长的指标：

个人内在能力的提高，才叫绝对成长。

和你今天拿的工资、利益无关，那是别人给的。

和你今天的职位、级别无关，那也是别人给的。

只是和你的内在心理更强大，外在能力更专业有关；如何追求绝对成长？相信不足、勇往直前、激发矛盾，借助外力把自己彻底打碎、超越自我。

为了基业长青必须不断提升自己。

讨论：

为什么说："没有终生学习的心态就会失去生存的能力"

讨论：

一年要读400本书。你读了多少本

五、西点军人的第四大执行要点：全力以赴

尽力而为与全力以赴

美国西雅图有一位德高望重的牧师——戴尔·泰勒。一天，他向学生讲了个故事：

一年冬天，猎人带着猎狗去打猎。猎人一枪击中了一只兔子的后腿，受伤的兔子拼命地逃生，猎狗在其后穷追不舍。可追了一阵猎狗没追上，沮丧地回来了，猎人气急败坏地说："你真没用，连一只受伤的兔子都追不到！"

猎狗听了很不服气地辩解道："我已经尽力而为了呀！"兔子带着

枪伤成功地逃生回家后,兄弟们都围过来惊讶地问它:"那只猎狗很凶呀,你又带了伤,是怎么甩掉它的呢?"

兔子说:"它是尽力而为,我是全力以赴了呀!它没追上我最多挨一顿骂,而我不全力以赴地跑,就没命了呀!"

《西点军校的22条军规》中强调责任、荣誉,主张最好的执行力就是全力以赴的寻求在自己的岗位上做得最好。

有位残疾的美国退伍军人找工作,历经多次挫折后,总算有一家公司通知他来面试。面试中他对老板说:"我作为一名退伍军人,郑重地向您承诺,我会完成您交给我的任何任务,请给我一次机会。"老板真的给了他一项任务,要他到一家礼品店里买一只蓝色的花瓶,在周末前送到老板手上。这个退伍军人接到任务后立即行动起来。他按照老板给的地址去找那个礼品店,可是那儿根本就没有老板描述的这家礼品店。他给老板打电话确认,老板电话接不通。他只好借助地图,在附近一家一家寻找。终于在离老板给他地址5条街的地方找到了礼品店。但是这家礼品店关门歇业了。他在黄页上查到礼品店经理的电话。礼品店经理说在外地度假,不做业务。然而,这个退伍军人没有放弃,他再次打通了礼品店经理的电话。最后终于感动了经理。经理派一个人赶到商店,把花瓶卖给了他。退伍军人拿到花瓶的时候,已经错过了与老板在火车站见面的约定时间。火车已经开走了。这时他只好请过去的战友帮他租了一架飞机,赶往老板要去的城市,在老板的火车到站的时候,把花瓶送到了老板手上。这件事的整个过程一波三折。每一个环节都有理由和借口放弃,但是这个退伍军人始终牢记他对老板的承诺,没有任何困难可以阻挡他完成任务。这就是执行力,全力以赴完成任务。

讨论:

尽力而为与全力以赴有什么区别

六、西点军人的第五大执行要点：敬业为魂

聪明的人一辈子都在思考超越别人的方法，认真的人一辈子都在做超越别人的事。

他们本质上的差别是：一个永远在想，一个永远在做。

认真第一、聪明第二！

（一）案例分析：从清洁马桶工到首相候选人

野田圣子曾经是日本最年轻也是唯一的女性首相候选人。

她第一份工作是清洗马桶。但她只要一想到马桶就恶心得想呕吐。一天一位前辈主动来教她洗马桶。洗完后什么话也没说从马桶里装了一杯水，当着她的面一饮而尽……

野田圣子通过这件事情认识到：工作不分贵贱，不论是什么性质的工作都有它的意义与价值，一个对工作不敬业的人，根本没资格在这个社会上承担起任何责任。

恍然大悟的野田圣子痛下决心，就算洗马桶也要洗出最干净的马桶！终于有一天她也可以当着别人的面把自己洗过的马桶里的水眉头不皱地喝下去！

后来，野田圣子凭着这种匪夷所思的敬业精神在 37 岁就做了日本的邮政大臣。

讨论：

就算洗马桶也要洗出最干净的马桶。您是否认同？为什么

（二）不善小事，何以成大器

敬业为魂是西点军校的经典法则之一。《敬业，美国起点军校的团队核心精神》一书中写道："对于个人，态度决定一切；对于团队，敬业决定成败。"

洛克菲勒年轻的时候只是油田里的一个普通的焊接工。在承担储油罐焊接的工作中，他发现焊接储油罐的盖子需要焊接剂的最佳数量是38滴。这个发现使他在最枯燥乏味的工作中找到了发展的机会。他研制出的38滴型焊接机使他迈出了成功的第一步。

同样一个工作，努力做得比别人好，这就是敬业为魂。人有了敬业精神就绝不让自己流于平庸，必将不断追求卓越，把工作做得尽善尽美。

（三）西点实战操作——认真创造非凡（阿甘正传）

为什么一个弱智儿童，成了橄榄球巨星？在越战中成为了英雄？会受到总统的接见？作为乒乓球外交官来中国访问？捕虾业的成功让他上了《财富》杂志？跑步跑出了那么多的追随者？

他不聪明，但他永远知道如何让生命充满希望！感恩、服从、专注！执行只与勤奋有关，与责任心有关，与用心和认真的态度有关，和聪明没有关系。

第三节 提升团队执行力的要点

一、什么是执行？何为高效执行？

执行就是不折不扣地完成任务，或完成组织需要完成的工作；高效执行就是有目标、有计划地，并运用科学方法、手段或策略让任务或应做的事高质量、高效率地得到落实，并最终达成目标。

无条件执行：百分之百地支持决定。即使决定是错的，也要通过执行来把事情做得对，而不是再回头讨论。军人服从命令和军规是天职；

被管理者服从组织的价值观、文化和制度是底线。

西点军校的"服从"绝不仅仅是"听话"和凡事唯命是从。

组织中的服从，强调的是对组织文化制度的认同，是以组织争取最大的利益为前提。制度是法律，文化是灵魂。把原本个性不一样的被管理者团结成一个整体，组织才有竞争力。

制度是法律

为保证制度的权威性和执行效率，宁可犯一些明知道的错误。如华为的军事化训练：每天5:50集合，穿统一黄色运动服跑步、走正步。早餐后上课，12:00排队吃饭。午休到14:00，下午继续上课。晚上自习，必须写工作日记。每逢周五看组织指定的电影，必须写心得。

二、什么是执行力

- 执行就是实现既定目标的具体过程。
- 执行就是把事情做完。
- 执行就是把战略转化为行动计划，并对其结果进行测量。
- 执行应该成为一个组织的战略和目标的重要组成部分，它是目标和结果之间不可缺失的一环。
- 执行力就是完成执行的能力和手段。
- 执行力就是任用会执行的人 ——联想集团　柳传志。
- 执行力就是在每一环节都力求完美，切实执行 ——戴尔电脑　麦克·戴尔。

三、执行力的重要性

有的企业的战略目标计划制定的非常好，最终结果却让人大跌眼镜，就是因为执行力出现了问题。从高层到中层再到基层，层层有偏差，即使每个环节的执行偏差只有很小的0.8，但积聚到一起，最终结果就会大为走样。

计划目标：100%

中层执行结果：1×0.8=0.8=80%

基层执行结果：0.8×0.8=64%

最终执行结果：0.64×0.8=51.2%

没有强有力的执行，所有的战略、策划、制度只能是建在沙滩上的高楼。

（一）最好的执行者

西点军校告诉我们："最好的执行者，都是自动自发的人，他们确信自己有能力完成任务。"表7-1为高效执行者应有的能力。

表7-1　高效执行者应有的能力

执行力要素	高层管理者	管理者	基层管理者	普通被管理者
信息获取力	✓			
目标分解力	✓			
战略制定力	✓			
标准设计力	✓	✓		
领悟力		✓	✓	
岗位操作力	✓	✓	✓	✓
部门协调力	✓	✓		
过程控制力	✓	✓	✓	✓
环境应变力	✓	✓	✓	✓
结果评价力	✓	✓		

（二）执行要点

- 管理者的时间用在哪里，组织的战略就在哪里。
- 制度规定什么，我们就执行什么，考核什么。
- 制度强调什么，就奖励什么；组织奖励什么，就可以得到什么。

（三）讨论与分享

我们的执行力还有哪些方面需要提高

案例学习：

《我为什么内疚》——李东生

这是一个关于鹰的故事。

老鹰是世界上寿命最长的鸟类，可以活到 70 岁。要活那么长的寿命，它在 40 岁时必须做出困难却重要的决定，就是改造自己，当它活到 40 岁时候嘴会变得又长又弯，爪子开始老化，无法捕捉猎物，羽毛又浓又厚，翅膀变得十分沉重，飞翔十分吃力……

它只有两种选择：一是等死！二是经过一个十分痛苦的更新过程。

企业要重生就要像鹰一样蜕变。

李东生反思管理上的失误，主要有以下三点：

第一，组织里有些人的言行和 TCL 的组织文化不符，我没有阻止，往往过多考虑组织业绩和个人能力。

第二，因为没有阻止，让一些正直有才能的被管理者失去在组织的生存环境，等他们要离职的时候，我又碍于管理者的面子没有尽力挽留。

第三，对于一些没有能力承担责任的管理干部，碍于情面，让他们身居高位，没有淘汰！

久而久之组织内部风气变坏、被管理者激情减退、丧失信心，一些满怀激情的被管理者因此离开了。回想这些，我感到无比痛心和负疚。我已经痛下决心要推进组织文化变革，改变一切阻碍组织发展的行为和现象，使组织浴火重生！

蜕变：《鹰》的故事告诉我们：人要向前跑就要甩掉过去！我们必须把旧的、不良的习惯和传统彻底抛弃，可能要放弃一些过去支持我们成功而今天已成为前进障碍的东西。

蜕变是痛苦的，但为了组织的生存，为了实现我们的发展目标，为了找回我们的信心和尊严，我们必须要经历这场历练！

第七章 团队执行力

讨论：
蜕变的重要性

_____
_____
_____
_____

讨论：
规则的重要性

_____
_____
_____
_____

第八章 团队激励

第一节 团队激励理论概述

一、团队激励的本质

现代组织行为理论认为,激励的本质是调动员工去做某件事的意愿。换言之,激励是进行行为引导;引导人去做一件他本来不想做的事情;或引导人不去做一件他本来想做的事情。

有7个人在一起,每天共喝一桶粥,但粥的数量有限,每人都喝不饱。如何分粥才公平呢?抓阄决定分粥人?推选一人分粥?组成三个分粥委员会和四人评选委员会?最终方案:轮流分粥,但分粥的人要等其他人挑完以后拿最后剩下的那一碗。

讨论:

你愿意成为分粥人吗?为什么

_____

_____

_____

_____

二、强化理论

强化理论的代表人物是美国心理学家斯金纳(B. F. Skinner),他着重研究人的行为的结果对该行为的反馈作用。他发现,那些能产生积极或令人愉快结果的行为,以后会经常得到重复;反之,那些产生消极或令人不快结果的行为，以后重复出现的可能性很小。这种状况在心理学中被称为"强化（Reinforce）"。凡能影响行为频率的刺激物，即称为强化物（Reinforcement）。因此，人们可以通过控制强化物来控制行为，求得员工行为的改造（Behavioral Modification）。这一理论就称为强化理论。

在管理中，应用强化理论改造行为一般有以下五种方式。

（1）正强化（Positive Reinforcement）。这是指用某种有吸引力的结果，使得员工好的行为重复出现。强化物包括各种奖酬，如认可、赞赏、增加工资、提升以及创造令人满意的工作环境等。

（2）负强化（Negative Reinforcement）或回避（Avoidance）。这是指预先告诉某种不符合要求的行为或不良绩效可能引起的不良后果，从而让员工通过按组织所要求的方式行事或停止不符合要求的行为来回避这些令人不愉快的后果。

（3）正惩罚（Positive Punishment）。这是指某种行为之后伴随讨厌的刺激物。即以某种带有强制性和威胁性的结果（如批评、降薪、降职、罚款、开除等）来创造一种令人不快甚至痛苦的环境，以表示对某些不符合要求行为的否定，从而消除这种行为重复发生的可能性。

（4）负惩罚（Negative Punishment）。这是指某种行为之后令人愉快的刺激被消除。即以某种带有强制性和威胁性的结果（如批评、降薪、降职、罚款、开除等）来创造一种令人不快甚至痛苦的环境，以表示对某些不符合要求行为的否定，从而消除这种行为重复发生的可能性。

（5）自然消退（Extinction）。这是指对员工的某种行为不予理睬，以表示对该行为的轻视或某种程度的否定，从而减少员工的某种行为。

根据强化的层级，可以把强化物分为一级强化物和二级强化物。一级强化物主要满足的是人的基本生理需要，如食物、水、安全、温暖、性等。这种强化物主要满足与生俱来的本能需要，而不是后天学习而来的行为。二级强化物指的是一个中性刺激在与一级强化物反复联合后，就能获得自身的强化性质。例如，金钱对婴儿来说并不是强化物，但当小孩子知道钱能兑换糖果时，它就能对儿童的行为产生效果。再如分数，也是在受到老师和家长的注意后才具有了强化的性质。其他的二级强化物还有：尊严、赞赏、认可等。这些强化物的作用根据不同个体而不同，对强化物的看法会明显影响到其效果。在组织环境中，提供的绝大多数是二级强化物，这些强化物本身并不能满足员工的基本需求。

根据强化的程序，又可以将强化分为连续强化和间断强化。连续强化指的是每次理想行为出现时，都给予强化；这种方式在激发新反应时最为有效。间断强化指的是选取理想行为中的一部分进行强化。

三、惩罚及其分类

凡是能够减弱行为或者降低反应频率的后果叫作惩罚（见表8-1）。

表 8-1　惩罚与强化的对比

类别	强化：行为被动增强	惩罚：行为被动减弱
呈现刺激	正强化（呈现愉快刺激，如给以高分）	正惩罚（呈现厌恶刺激，如给以批评）
消除刺激	负强化（消除厌恶刺激，如免除杂务）	负惩罚（消除愉快刺激，如禁玩游戏）

按照惩罚的定义，现实中有正惩罚和负惩罚两种方式可供选择。

负惩罚不会引发严重的抵触情绪，更容易达到预期效果。下面是负惩罚的案例。

案例分析：扔石头的孩子们

有一个年迈的老人，周围有一群调皮的孩子欺负老人行动不便，总喜欢往老人家里扔石头，老人追也追不上，骂过他们，也告诉他们的家长，甚至动用过警察，结果孩子们变本加厉，扔得更凶了。

老人为此伤透了脑筋，终于有一天，老人把孩子们召集在一起，对他们说："孩子们，我发现现在离不开你们每天向我家院子里扔石头，这样吧，你们每天坚持扔，我每天每人给你们5元钱！"孩子们乐得接受！过了一段时间，老人又把孩子们召集在一起，对他们宣布：我的经济有些紧张，每人每天只能给 2 元钱了。孩子们虽然不高兴，还是同意了。又过了一段时间，降到了 1 元钱。最后，老人无奈地宣布：我已经没有钱给你们了，你们能不能免费向我的院子里扔石头，结果，孩子们异口同声地拒绝了。从此以后，老人家里再也没有人扔石头了。

讨论：
孩子们的行为是怎么被矫正的

_____

_____

_____

第二节　团队激励方式

一、激励方式的选取原则

（一）激励的公正性

激励的公正性这一基本原则中已经提到了激励要透明的问题，这一原则将直接影响到能否调动真正优秀者并且是否打击未受奖者的积极性。在激励的过程中，一定要树立激励机制前人人平等的观念，实际操作中必须做到铁面无私、一视同仁，千万不能因个人偏好而有任何不公的言语和行为。主要改善方法有：①公开制定激励的标准，对各项指标尽可能量化，减少人为操作的可能；②选择受奖对象必须充分尊重民意，最好让全体成员都参加到这个过程中来；③对受奖者要进行公开表扬，使之充分感受到荣耀和成就感。

（二）激励的普及性

激励的普及性主要是指激励覆盖面的广度，这一原则将直接影响团队的整体士气。主要的改善方法有：①将激励的精神尽可能多地贯彻到所有的规章制度和管理过程中，让组织中的所有人时刻感受到制度力量的同时也能被激励前进；②避免平均主义，这样既可以降低激励的成本，又让人看到奖励的价值；③合理运用典型的示范力量，一般来讲，榜样的力量是巨大的，但众人的眼光一直集中在几个人身上难免也会影响其他人的积极性。

（三）激励的适度性

激励的适度性是指激励次数的多少和力度的大小，适度性不够容易产生大范围的牢骚和不满的情绪，若是太过也会过分刺激员工的欲望，使企业内机会主义和短期行为盛行。主要改善方法有：①增强激励的成本收益观念，管理成本的投入需要有相应的回报产生，并不是高投入必须就有高产出；②尽量与员工的期望值相符，期望是员工的主观评价标准，是员工能够获得最大激励的基准点。

（四）激励的及时性

激励的及时性是指激励措施实现的快慢。现代心理学研究表明，及时激励的有效率可达到80%，而延迟激励的有效率仅为7%。主要的改善方法是员工一旦出色地完成了工作，马上给予实质性的奖励；一旦犯下错误，应马上进行相应的惩罚。当然，这里的及时并不单指时间上的迅速，主要体现为一种不拖泥带水，遇事果断的雷厉风行的工作作风，那种认为什么事都放到年终算账的想法和做法完全是贻误和浪费时机。

二、激励团队的十二种常用方法

1. 榜样激励

为员工树立行为标杆。在任何一个组织里，管理者都是下属的镜子。可以说，只要看一看这个组织的管理者是如何对待工作的，就可以了解整个组织成员的工作态度。"表不正，不可求直影。"要让员工充满激情地去工作，管理者就先要做出一个样子来。

- 领导是员工们的模仿对象。
- 激励别人之前，先要激励自己。
- 要让下属高效，自己不能低效。

- 塑造起自己精明强干的形象。
- 做到一马当先、身先士卒。
- 用自己的热情引燃员工的热情。
- 你们干不了的，让我来。
- 把手"弄脏"，可以激励每一个员工。
- 在员工当中树立起榜样人物。

2. 目标激励

激发员工不断前进的欲望。人的行为都是由动机引起的，并且都是指向一定的目标的。这种动机是行为的一种诱因，是行动的内驱力，对人的活动起着强烈的激励作用。管理者通过设置适当的目标，可以有效诱发、导向和激励员工的行为，调动员工的积极性。

- 让员工对企业前途充满信心。
- 用共同目标引领全体员工。
- 把握"跳一跳，够得着"的原则。
- 制定目标时要做到具体而清晰。
- 要规划出目标的实施步骤。
- 平衡长期目标和短期任务。
- 从个人目标上升到共同目标。
- 让下属参与目标的制定工作。
- 避免"目标置换"现象的发生。

3. 授权激励

重任在肩的人更有积极性。有效授权是一项重要的管理技巧。不管多能干的领导，也不可能把工作全部承揽过来，这样做只能使管理效率降低，下属成长过慢。通过授权，管理者可以提升自己及下属的工作能力，更可以极大地激发起下属的积极性和主人翁精神。

- 不要成为公司里的"管家婆"。
- 权力握在手中只是一件死物。
- 用"地位感"调动员工的积极性。

- "重要任务"更能激发起工作热情。
- 准备充分是有效授权的前提。
- 在授权的对象上要精挑细选。
- 看准授权时机,选择授权方法。
- 确保权与责的平衡与对等。
- 有效授权与合理控制相结合。

4. 尊重激励

给人尊严远胜过给人金钱。尊重是一种最人性化、最有效的激励手段之一。以尊重、重视员工的方式来激励他们,其效果远比物质上的激励要来得更持久、更有效。可以说,尊重是激励员工的法宝,其成本之低,成效之卓,是其他激励手段都难以企及的。

- 尊重是有效的零成本激励。
- 懂得尊重可得"圣贤归"。
- 对有真本事的大贤更要尊崇。
- 责难下属时要懂得留点面子。
- 尊重每个人,即使他地位卑微。
- 不妨用请求的语气下命令。
- 越是地位高,越是不能狂傲自大。
- 不要叱责,也不要质问。
- 不要总是端着一副官架子。
- 尊重个性即是保护创造性。
- 尊重下属的个人爱好和兴趣。

5. 沟通激励

下属的干劲是"谈"出来的。管理者与下属保持良好的关系,对于调动下属的热情、激励他们为企业积极工作,有着特别的作用。而建立这种良好的上下级关系的前提,也是最重要的一点,就是有效的沟通。可以说,沟通之于管理者,就像水之于游鱼,大气之于飞鸟。

- 沟通是激励员工热情的法宝。

- 沟通带来理解，理解带来合作。
- 建立完善的内部沟通机制。
- 消除沟通障碍，确保信息共享。
- 善于寻找沟通的"切入点"。
- 与下属谈话要注意先"暖身"。
- 沟通的重点不是说，而是听。
- 正确对待并妥善处理抱怨。
- 引导部属之间展开充分沟通。

6. 信任激励

信任是诱导他人意志行为的良方。领导与员工之间应该肝胆相照。你在哪个方面信任他，实际上也就是在哪个方面为他勾画了其意志行为的方向和轨迹。因而，信任也就成了激励诱导他人意志行为的一种重要途径。而管理不就是要激励诱导他人的意志行为吗？

- 信任是启动积极性的引擎。
- 用人不疑是驭人的基本方法。
- 对业务骨干更要充分信赖。
- 信任年轻人，开辟新天地。
- 切断自己怀疑下属的后路。
- 既要信任，也要激起其自信。

7. 宽容激励

胸怀宽广会让人甘心效力。宽容是一种管理艺术，也是激励员工的一种有效方式。管理者的宽容品质不仅能使员工感到亲切、温暖和友好，获得安全感，更能化为启动员工积极性的钥匙，激励员工自省、自律、自强，让他们在感动之中心甘情愿地为企业效力。

- 宽宏大量是做领导的前提。
- 宽容是一种重要的激励方式。
- 原谅别人就是在为自己铺路。
- 给犯错误的下属一个改正的机会。

- 得理而饶人更易征服下属。
- 对下属的冒犯不妨装装"糊涂"。
- 善待"异己"可迅速"收拢"人心。
- 容许失败就等于鼓励创新。
- 要能容人之短、用人所长。
- 敢于容人之长更显得自己高明。

8. 赞美激励

赞美是效果奇佳的零成本激励法。人都有做"重要"人物的欲望，都渴望得到别人的赞美和肯定。赞美是一种非常有效而且不可思议的推动力量，它能赋予人一种积极向上的力量，能够极大地激发人对事物的热情。用赞美的方式激励员工，管理者所能得到的将会远远地大于付出。

- 最让人心动的激励是赞美。
- "高帽子"即使不真也照样塑造人。
- 用欣赏的眼光寻找下属的闪光点。
- 懂得感恩才能在小事上发现美。
- 摆脱偏见，使称赞公平公正。
- 赞美到点上才会有良好的效果。
- 当众赞美下属时要注意方式。
- 对新老员工的赞美要有区别。

9. 情感激励

让下属在感动中奋力打拼。一个领导能否成功，不在于有没有人为你打拼，而在于有没有人心甘情愿地为你打拼。须知，让人生死相许的不是金钱和地位，而是一个情字。一个关切的举动、几句动情的话语、几滴伤心的眼泪，比高官厚禄的作用还要大上千百倍。

- 感情如柔水，却能无坚不摧。
- 征服了"心"就能控制住"身"。
- 你要"够意思"，别人才能"够意思"。

- "知遇之恩"也是可以制造的。
- 替下属撑腰,他就会更加忠心。
- 不可放过雪中送炭的机会。
- 乐于主动提携"看好"的下属。
- 付出一点感情,注意一些小事。
- 将关爱之情带到下属的家中。

10. 竞争激励

竞争是增强组织活力的无形按钮。人都有争强好胜的心理。在企业内部建立良性的竞争机制,是一种积极的、健康的、向上的引导和激励。管理者摆一个擂台,让下属分别上台较量,能充分调动员工的积极性、主动性、创造性和争先创优意识,全面地提高组织活力。

- 竞争能快速高效地激发士气。
- 不妨偶尔在工作中打个赌。
- 让员工永远处于竞争状态。
- 活力与创造力是淘汰出来的。
- 用"鲶鱼式"人物制造危机感。
- 用"危机"激活团队的潜力。
- 引导良性竞争,避免恶性竞争。

11. 文化激励

用企业文化熏陶出好员工。

企业文化是推动企业发展的原动力。它对企业发展的目标、行为有导向功能,能有效地提高企业生产效率,对企业的个体也有强大的凝聚功能。优秀的企业文化可以改善员工的精神状态,熏陶出更多的具有自豪感和荣誉感的优秀员工。

- 企业文化具有明确的激励指向。
- 企业文化是长久而深层次的激励。
- 企业文化也是员工的一种待遇。
- 用正确的企业文化提升战斗力。

- 用企业价值观同化全体员工。
- 激励型组织文化应具备的特点。
- 强有力的领导培育强有力的文化。
- 用良好的环境体现企业文化。

12. 惩戒激励

不得不为的反面激励方式。

惩戒的作用不仅在于教育其本人,更重要的是让其他人引以为戒,通过适度的外在压力使他们产生趋避意识。惩戒虽然是一种反面的激励,但却不得不为之。因为,"怀柔"并不能解决所有的问题。

- 没有规矩也就不会成方圆。
- 随和并非任何时候都有意义。
- 适时责惩以表明原则立场。
- 坚持"诛罚不避亲戚"的原则。
- 对于奸邪者要做到除恶必尽。
- 实施惩罚时不要打击面过大。
- 惩罚要把握时机、注意方式。
- 惩罚与"怀柔"相结合更具激励效果。
- 少一点惩罚,多一些鼓励。

第三节 团队激励的应用

一、激励的十大法则

1. 我们需要自身激励来激励他人

除非你以身作则,并具有热情,否则决不能激励他人。你的态度和情绪直接影响着与你一起工作的员工。如果你情绪低落,你的手下也将受到影响而变得缺乏动力;相反如果你满腔热情,你的手下必然也会充满活力。

要想避免对下属和员工的负面影响,管理者需要控制情感,隐藏消极情绪,发扬一种积极的情绪和态度,并把热情投入手头上的工作中。当管理者因个人问题、疾病、家庭危机等而情绪低落时,为避免把临时缺乏激情的状态扩散到团队中,应该给自己安排一些需要独自完成的工作。一旦部下看到管理者正在严谨地做事,他们就不会频频打扰。

2. 激励需要一个目标

除非一个人真正知道他身在何处,否则,他将无法知道该向哪一个方向努力。人们需要了解自己努力达到的目标是什么,并且真正愿意实现它——才有可能受到激励。

3. 激励分为两个阶段

- 找到与团队目标相关的个人目标。
- 向他们展示如何实现目标。

关键在于找到与团队目标相关的个人目标。作为一个绩效经理,你的目标是激励你的手下,只有这样才能实现团队目标(毕竟那是你获得的奖赏——也是你的直接责任)。

4. 激励机制一旦设立,永不放弃

这是一个不幸的真理,也是许多经理人所忽视的。他们认为只要在开始阶段激励了员工,员工就会永远受到激励。但事实上,随着时间的流逝,激励水平逐渐下降;一般在3~6个月下降到零。

你需要认识到这一点,做一个专业的激励员,通过定期的团队会议、明确的沟通、认可和经常性的一对一反馈,源源不断地将你的激励灌输到团队之中。

5. 激励需要认可

根据马斯洛的需求层次,一旦基本需求得到满足,社会认可的需求就会提高。事实上,心理学家已经发现,人为得到公众的认可甚至比为了金钱付出的还要多得多。人们渴望公认,并且一旦他们赢得了认可,必须是明朗、公开和迅速的给予承认。认可的授予必须是给予某种结果,而不是某种努力。但需避免授予员工"好职工"或"企业最有贡献奖"之类过于宽泛的称号，这样的"公认"将在被授予者和其他人的眼里"贬值"。

6. 参与激励

参与一个特殊的项目或团队将具有很高的激励效果。为某一个事业而努力的团队成员会忠于团队的目标。

7. 看到自身的进步能够激励人

看到自己向目标奋进的道路上所取得的进步，人们会获得很高的激励——我们都喜欢看看自己做得怎么样，看到自身的进步让我们体验到成功——未来的成功建立在一个成功体验的基础上。

8. 只有人人都有优胜的可能，竞争才能激励员工

竞争频繁应用于激励中，但是只有每一个拥有平等获胜的机会时，才真正起作用。否则，竞争能够激励优秀员工，但同时会降低其他员工的动力。这个问题可以通过依据目标百分比来测量竞争绩效而避免。当进行竞争时，许多组织将目标定为一个绝对目标，例如，一个销售竞争获奖者可能是在一定销售期中销售额最大的员工。这对于一个新组建的团队而言可能会降低人们的动力，因为与优胜者相比，新加入销售队伍的员工会认为优胜者总会获胜，所以和他们竞争就毫无意义了。相反，如果优胜者属于那些相对于自身销售目标而超出额度最大的销售员，这样人人都有可能获得优胜，因为新手的目标较之于优异销售员的目标也低，这样两种人都会产生竞争的动力来超过自己的目标，获得胜利。

9. 每一个人的身上都存在激励的火花

与通常的信念（和观察）相反，每个人身上都存在一个激励的火花。每个人都能得到激励，一些人可能比其他人更容易被激励。但是火花在哪儿？作为一名绩效经理人，你不得不寻找火花并进行培育，再将其贯彻到方案中。既然你的团队激励是一个首要的管理职责，如果你想获得成功，在团队每个成员的身上寻找火花已经成为一项重要的活动。

10. "团队归属"激励

作为团队中的成员之一，你肯定会为了一个团队的目标而工作——当然，你们必须"向往"那个目标。

二、团队成员需要激励时的信号

（1）需要付出额外努力的时候表现出不合作；

（2）不愿自动做额外的工作；

（3）迟到、早退或旷工，而没有令人满意的解释；

（4）午餐时间拖长，尽量逃避工作；

（5）不能按时完成工作；

（6）不能达到要求的标准；

（7）常抱怨鸡毛蒜皮的琐事；

（8）工作出问题时尽埋怨别人；

（9）拒绝服从指示。

三、团队中的问题员工的行为矫正

功高盖主的员工。功高盖主的员工是一些非常能干的员工，他们工作勤奋并且工作业绩非常出色。这些员工对于公司来说是具有很高价值的，但他们中有一部分人凭着自己的业绩不把自己的上级放在眼里，经常不遵守公司的规定。

标新立异的员工。不安定，违反纪律，煽动情绪的倡导者；聪明，好动，个性鲜明；思考方式不拘泥于形式，有各种奇思妙想；公司制度对他们来说是个障碍；是人力资源部门"心中永远的痛"。

完美主义的员工

优点：洞察力强、目光敏锐、品位出众；工作忙碌时能细微地观察；思维缜密，始终如一地做事；只要事情值得做，一定有做好的决心；任何事都要做得有条不紊。

缺点：不善于变通；对自己要求高从而对别人要求也高；工作进度

慢，甚至无法按时交差；有时间管理中的不良习惯，"拖延"往往是追求完美造成的。

推诿责任的员工。推诿责任是在工作中经常遇到的现象，也是一种相当普遍的现象。其实不仅有一些问题员工经常推诿责任，一些老板，甚至一家公司都有可能经常推诿责任。

"爱找茬"的员工。出现"爱找茬"员工的主要原因在于这些员工有比较强的嫉妒心理，并且本身有极不安全感。在别的同事工作比他好的时候，他发觉自己不安全，就开始挑同事的毛病，试图从中获得某种安全感。

"光说不干"的员工。"光说不干"的员工的特点是有能力完成工作，但是没有工作意愿，即"懒骨头"。

脾气暴躁的员工。爱冲突，吵闹，制造事端；情绪爱激动，破坏性大；直率；重感情，讲义气；喜欢听好话。

消极悲观的员工。个别员工的消极悲观情绪会很快感染团队的其他成员，严重影响团队的士气，使领导的干劲和热情降低。例如，非典时期抢购风潮的出现，就是消极悲观情绪迅速传播的结果（见图 8-1）。

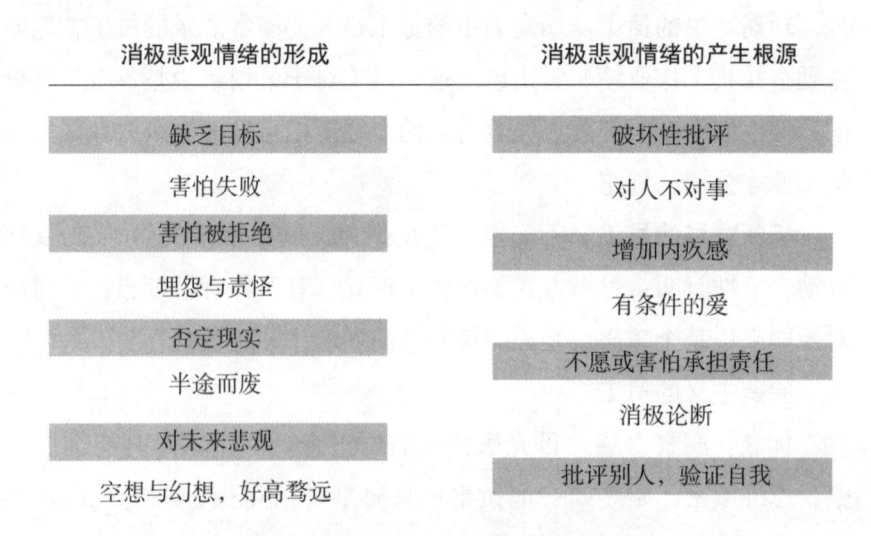

消极悲观情绪的形成	消极悲观情绪的产生根源
缺乏目标	破坏性批评
害怕失败	对人不对事
害怕被拒绝	增加内疚感
埋怨与责怪	有条件的爱
否定现实	不愿或害怕承担责任
半途而废	消极论断
对未来悲观	批评别人，验证自我
空想与幻想，好高骛远	

图 8-1 消极情绪的形成及产生根源

讨论：

如果你是团队领导，你有办法通过激励引导以上各类问题员工吗

案例分析：日立公司内的婚姻介绍所

在把公司看作大家庭的日本，老板很重视员工的婚姻大事。例如，日立公司内就设立了一个专门为员工架设鹊桥的婚姻介绍所。一个新员工进入公司，可以把自己的学历、兴趣爱好、家庭背景、身高、体重等资料输入鹊桥电脑网络。当某名员工递上求偶申请书，他（或她）便有权调阅电脑档案，申请者往往利用休息日坐在沙发上慢慢地、仔细地翻阅这些档案，直到找到满意的对象为止。一旦他被选中，会将挑选方的一切资料寄给被选方，被选方如果同意见面，公司就安排双方约会。约会后双方都必须向公司报告对对方的看法。日立公司人力资源部门的管理人员说：由于日本人工作紧张，职员很少有时间寻找合适的生活伴侣。我们很乐意为他们帮这个忙。另外，这样做还能起到稳定员工、增强企业凝聚力的作用。

讨论：

团队激励的作用

第九章 团队领导

第一节 领导理论概述

一、领导的含义

领导是指在一定的社会组织或群体内，为实现组织预定目标，运用其影响力，影响被领导者的行为，并将其导向组织目标的过程。

领导是一种活动过程，基本职责是通过影响下属来达到企业目标，其本质是妥善处理好各种人际关系，工作绩效是由被领导者的群体活动表现出来。

二、领导与管理

领导是成果驱动，而不是任务驱动。领导者更关心最后的成果，而不是获得成果的过程。领导者需要运用影响力使人做事。

管理以权威地位命令员工做事。然后再计划、指导、控制、监督，以及衡量员工的表现。这种工作方式是任务驱动，但不是成果驱动。管理者通过发号施令使人做事（见表9–1）。

表9–1 领导与管理的主要区别

区 别	领 导	管 理
影响力主要来源	自身影响力	法定权力
工作重点	做正确的事	正确地做事
主要职能	指引、协调、激励	计划、组织、控制

续表

区 别	领 导	管 理
关注点	人	任 务
成员的态度	自愿、主动	服从、被动
对待环境	变革者和超越者	维护者和监管者

三、领导的角色

领导的决策主要体现在以下三个方面。

（1）完成任务。负责团队各项任务的目标、计划、决策、控制、评估等工作。

（2）建设团队。负责团队内部运行的协调、培养、交流、支持等工作。

（3）发展个人。对团队成员开展各项工作进行授权、激励、培训、指导。

四、领导者的能力

个人能力：知识、经验、技术、自信和创新；

社会能力：领导、谈判、沟通、社交等与别人共事合作的能力；

思维能力：审时度势、分析决策、统揽全局、放眼未来的能力。

领导者的进化过程（见图9-1）。

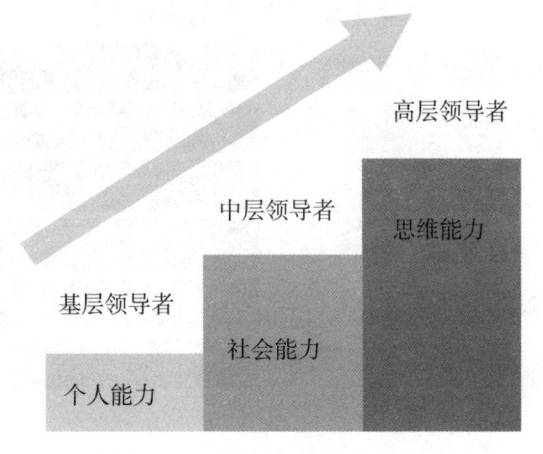

图 9-1 领导者的进化过程

五、领导的品质

领导的品质。领导者应当具备的优良品质，主要有以下9个方面。

(1) 以身作则。用自己的行动为下属做出榜样。

(2) 目标远大。有远大的志向，带领大家朝着既定目标努力奋斗。

(3) 敢于冒险。有敢于创新、不怕失败的精神，并愿意承担责任。

(4) 积极进取。主动作为，不断提出新的奋斗目标，追求工作的高效率、高效益。

(5) 诚实公正。诚信即诚实守信，强调诚实劳动、信守承诺、诚恳待人。公正，即公平正义，体现在统筹兼顾各方利益的能力。

(6) 承认错误。勇于发现错误、认识错误、改正错误，并自我纠偏。

(7) 接纳意见。虚心听取下属的意见和建议，对于指出的错误，有则改之，无则加勉。

(8) 善于交际。善于处理人际关系，凝聚人心。

(9) 灵活应变。能够随着变化了的情况采取不同应对措施。

这些品质在领导者的日常言行中的具体体现为好领导的6句箴言（见表9-2）。

表9-2 好领导的六句箴言

我承认我错了	最重要的六个字
我为你骄傲	最重要的五个字
你看如何	最重要的四个字
对不起	最重要的三个字
谢谢	最重要的两个字
我	不重要的字

思考题

儿时读《西游记》，觉得唐僧软弱无能、真假不分，对孙悟空屈居这样的人手下觉得不解。而今重温《西游记》方才明白，唐僧其实是位好领导，他的事业成功得益于它所具有的一位领导人必备的多种品质。

提问：

为何唐僧是领导

_____
_____
_____
_____

请问：

为什么唐僧的三个徒弟不能成为团队领导？你认为决定唐僧成为团队领导的品质有哪些

_____
_____
_____
_____

参考意见

唐僧师徒能迢迢万里，降妖伏怪，历尽艰辛，取回真经，其成功因素虽多，但唐僧作为一个团队领导者，其管理品质是一个至关重要的因素：目标明确、意志坚定、品德高尚、慈悲为怀、学术造诣、勇于认错、信任下属、善于激励、良好关系。

第二节 团队领导力的构建

也许，你是个非常能干的员工，在业务或技术上绝对是把好手，公司里的领导和同事都很尊重你，你也因此很有些踌躇满志。后来，公司给了你更多的机会，高级领导们希望你能够承担更大的责任，于是，你被推选上了管理岗位。一开始，你觉得非常有信心，并希望通过自己的努力，把工作做得更好。于是，你每天起早贪黑、废寝忘食，事无巨细都要过问。你很害怕，怕干得不好，辜负公司领导的信任。但是，时间一长，问题就开始出现了——你也许发现自己开始力不从心、顾此失彼，没办法应付越来越多的事情；你也许会发现你的下属没有主动性，你推一下，他们就动一下，你少关照一句，事情居然没人做；你也许会发现，你每天都被大量的琐碎事务捆住了手脚，像个救火队长一样东奔西跑，根本没有时间思考、总结、计划；你也许还会发现，领导看你的眼光越来越失望，甚至听到有人说："公司得到了一个拙劣的管理者，却失去了一个优秀的员工。"

如果你还不警醒的话，那别人的揣测可能就会变成现实：你可能真的不适合做一名管理者，而只适合从事具体的业务或技术工作。

一、建立信任关系

信任是对他人言词、行为及承诺可靠的、肯定的期望，这种期望是建立在对他人能力和品格的信心的基础上的。

信任的好处：开诚布公、获得真正的意见和建议的、更多人参与、团队使命感、合作、积极运用冲突、发现隐藏的问题。

信任存在的标志：坦诚交流、相互尊重、能够授权、愿意承担责任。

信任的要点：开诚布公、客观并且一视同仁、信守诺言、承认错误和过失、授权、反馈和表扬、表现出为他人服务。

如何获取信任？

获取信任需要从横向和纵向两个方面考虑。在横向方面，团队成员之间可以通过加强沟通、增进了解、相互支持对方的正确观点等来建立彼此间的信任。在纵向方面，作为企业的领导者，除了可以使用上述方法外，授权也是建立与下属之间信任关系的有效方式。

案例分析一

美国惠普公司创造了一种独特的"周游式管理办法"，鼓励部门负责人深入基层，直接接触广大职工。

为此目的，惠普公司的办公室布局采用美国少见的"敞开式大房间"，即全体人员都在一间大厅中办公，各部门之间只有矮屏分隔，除少量会议室、会客室外，无论哪级领导都不设单独的办公室，同时不称头衔，即使对董事长也直呼其名。

敞开办公室的门，制造平等的气氛，同时也敞开了彼此合作与心灵沟通的门。这样有利于上下左右通气，创造无拘束和合作的气氛。

讨论：

"周游式管理办法"有什么好处

_____

_____

_____

_____

案例分析二

有一个年轻人，好不容易获得一份销售工作，勤勤恳恳干了大半年，非但毫无起色，反而在几个大项目上接连失败。而他的同事，个个都干出了成绩。他实在忍受不了这种痛苦。在总经理办公室，他惭愧地说，可能自己不适合这份工作。"安心工作吧，我会给你足够的时间，直到你成功为止。到那时，你再要走我不留你。"总经理的宽容让年轻人很感动。他想，总应该做出一两件像样的事来再走。于是，他在后来的工作中多了一些冷静和思考。

过了一年，年轻人又走进了总经理的办公室。不过，这一次他是轻松的，他已经连续7个月在公司销售排行榜中高居榜首，成了当之无愧的业务骨干。原来，这份工作是那么适合他！他想知道，当初，总经理为什么会将一个败军之将继续留用呢？

"因为，我比你更不甘心。"总经理的回答完全出乎年轻人的预料。总经理解释道："记得当初招聘时，公司收下100多份应聘材料，我面试了20多人，最后却只录用了你一个。如果接受你的辞职，我无疑是非常失败的。我深信，既然你能在应聘时得到我的认可，也一定有能力在工作中得到客户的认可，你缺少的只是机会和时间。与其说我对你仍有信心，倒不如说我对自己仍有信心。我相信我没有用错人。"

讨论：
总经理为什么会将一个败军之将继续留用呢

二、灵活运用领导行为和领导风格

领导风格的定义

领导风格是指领导者实施领导行为的具体形式和手段，它是直接影响领导效能的重要因素。

了解和认识领导风格，并且善于随着时代的变化转变领导方式，是实现领导目标、做好领导工作的重要条件。

不同的领导者有不同的领导风格，应根据不同情境，选择最合适的风格。

选择领导风格的前提（见图9-2）。

害怕失败 ▶ 下属 ▶ 任务与环境

个性、背景、知识、经验　　能力、个性、动机　　任务、时间、文化

图 9-2　选择领导风格的前提

领导风格的影响因素

选择领导风格时应考虑下属承担工作的能力和意愿（见图 9-3）。

领导风格：很多指令 ◀——▶ 很少指令

下属能力：不能胜任 ◀——▶ 能胜任（非常有能力）

领导风格：高支持 ◀——▶ 低支持

下属意愿：不情愿工作 ◀——▶ 愿意工作

指令型　　　　　　　　　　　参与型

命令　　说服　　协商　　参与　　授权

图 9-3　领导的行为

连续统一体理论

命令：领导做出决定，然后向下属宣布。

说服：领导做出决策，并说服下属来接受。

协商：领导提出问题，听取下属意见，然后决策。

参与：领导与下属充分协商共同做出决策。

授权：领导授权下属在一定范围内自行决策。

思考题：如何领导员工？

虽然西天取经的团队仅仅有四个人，却是一个管理难度相当大的团队。因为在这个团队中，有能力超强、不服从管理的人物，也有见困难就退，见好处就上的人物，也有中规中矩却无创意的人物。

如果你是唐僧，你会分别用什么方式领导你的员工？

如果你是唐僧，你会用什么方式领导孙悟空？为什么？

A．杀杀他的威风　　B．求他高抬贵手

C．准备淘汰他　　　D．高额奖金调动他

E．提拔他

如果你是唐僧，你会用什么方式领导猪八戒？为什么？

A．晾着他　　　　　B．鼓励他

C．指导和帮助他　　D．调他到妖精谈判部

E．提拔他

如果你是唐僧，你会用什么方式领导沙和尚？为什么？

A．晾着他　　　　　B．淘汰他

C．鼓励他　　　　　D．高额奖金调动他

E．提拔他

如果需要从他们当中提拔一个当部门经理，你会提拔谁？

A．孙悟空　　　　　B．猪八戒

C．沙和尚　　　　　D．对外招聘

第三节　提升领导力的途径

一、领导授权

授权是组织运作的关键，它是以人为对象，将完成某项工作所必需的权力授给部属人员。即主管将处理用人、用钱、做事、交涉、协调等决策权移转给部属，不只授予权力，而且还托付完成该项工作的必要责任。组织中的不同层级有不同的职权，权限则会在不同的层级间流动，因而产生授权的问题。授权是管理人的重要任务之一。有效的授权是一项重要的管理技巧。若授权得当，所有参与者均可受惠。

授权主要是授人权、财权、事权及日常例行性工作。

授权的原则是事先要有周密的计划；配合部属的能力、意愿授权；训练与激励；给他足够的资源；适度的管制；从部分授权到全部授权。

不"宜"授权的事项有目标设定与资源分配；人事评议与机密性工作；政策拟订与宣导性工作；直接向你报告的员工培育工作；危机处理。

授权的风险包含部属滥用职权或玩法弄权。不但无法减轻主管的负担，反而加重任务；部属所做的结果不符合目标期望。主管因怕失控所产生的焦虑；部属的反授权造成组织内公权力、公信力的伤害。

案例分析一

案例 1　西贝餐饮：放权+权力自我管理

西贝莜面村是一家在全国拥有 200 多家店面，1.6 万名员工的餐饮企业。企业做大了，管理却遇到了新问题。西贝一直实行一级管一级的高强度的层级管理。为激发管理者的积极性，西贝导入股权强化股权激励。同时，还加大薪酬力度，把全体员工动员起来。然而，时间一长，老板和高级管理人员都很疲惫，员工则难免趁机偷懒。顾客投诉增多，一度影响到品牌形象。

后来西贝餐饮对下属企业逐级放权，实行权利的自我管理，打乱专业分工，重构责任主体。在店内构建若干服务团队，提供从顾客进门到结账的全流程服务。团队实行计件考核。自组织、自管理，队长由队员选举产生，具有充分的经营权，对顾客满意度负全责。由此团队积极性高涨。一线员工工作上心了，顾客的体验感大为提高。

讨论：如何发动全团队的力量来完成任务

案例2　一个授权管理的案例

某公司某车间岗位设置有车间主任一名，员工若干名。其中，车间主任是个正规院校相关专业毕业的年轻人，他的工作态度端正，尽职尽责，工作有思路，遇事有办法；但车间的员工却始终不认可这位主任，甚至与他格格不入，对他一肚子意见，车间整体工作因此受到了影响。原来这位车间主任，在日常工作中无论大事小事，都事必躬亲。遇到工作不是安排下去，而是唯恐出现差错，弄得工人反而手足无措，形成了"领导干，工人看"的局面。不知道授权，造成了员工一致的抵触情绪，这个案例说明，管理人员要给自己一个合理的定位，根据自己的工作需要恰当的授权，就可以调动全体团队成员的积极性，把工作做得更好。

讨论：

如果这个车间主任能授权……

_____

_____

_____

_____

为什么要授权

从领导的角度来看，节省了领导者的时间，让其从日常事务中解脱出来，并弥补领导者的不足；

从团队成员的角度来看，既增强成员参与性与积极性，又提高成员责任感与信任感，从而培养技能；

从组织角度来看，不仅提高了整体的实力，还增加团队的灵活性和适应性，更好地实现团队的目标。

优秀经理是帮助下属而非控制下属。

不授权的借口

自己是做事的人而不是发指令的人；以为自己可以做得比别人好；

害怕削弱自己的职权。

不信任员工,认为员工不愿意承担过多的工作。

个人的技能和经验,如失败的授权经历。

授权中遇到的障碍

自身的障碍。认为自己能做得更好;对下属无信心;没时间培育下属;失去权威;个人的职业偏好。

员工的障碍。经验与能力不足;逃避责任。

现实中的障碍。人力不足;权利和责任区分不清。

案例分析二

案例1 老板告诉会计,1万元以下的费用店长就可以批,1万元以上的则由我批。后来老板发现这名店长批了一个1万零5元的费用。于是老板做了一个决定,告诉会计,从今以后1万元以下的也是我批。

案例2 有一名部门主管在授权方面做得很拙劣。有一天,老板对部门主管说:"你为什么总是做得那么辛苦,而不把工作内容多分些给你的下属呢?"他说:"我安排下属、教会他做,得花上好几个小时,我自己做的话,半小时不到就做好了。有那个闲工夫教他们,还不如自己做更快些。"

请问:

以上两个案例中的管理者在授权过程中有什么障碍

二、授权的步骤

（1）打好基础。确定授权任务：分析任务哪些可以授权，哪些不可以授权；选择被授权者。评估能力、意愿、注意人权的变换和替补；设定授权目标。与被授权者共同设定目标与评估标准；共同探讨可能出现的问题及解决方案或"警戒线"。

（2）下达指令。解决三个问题，做什么？如何去做？何时完成？

（3）检查进展。检查周期；衡量标准。

（4）回顾思考。提供即时反馈。态度积极、诚恳；不夸大，也不要过分谦虚；批评与自我批评。分析问题，检讨过程，找出改进方法；激励与奖励。感谢与赏识；被授权者的成绩；奖励成绩出色或绩效显著者。

（5）授权再认识。放弃事必躬亲的控制；控制权交到第一线的员工手中；授权是允许错误的，把错误当成学习的一部分，授权是鼓励成员出点子，集思广益，授权是管理者都变成教练型（见图9-4）。

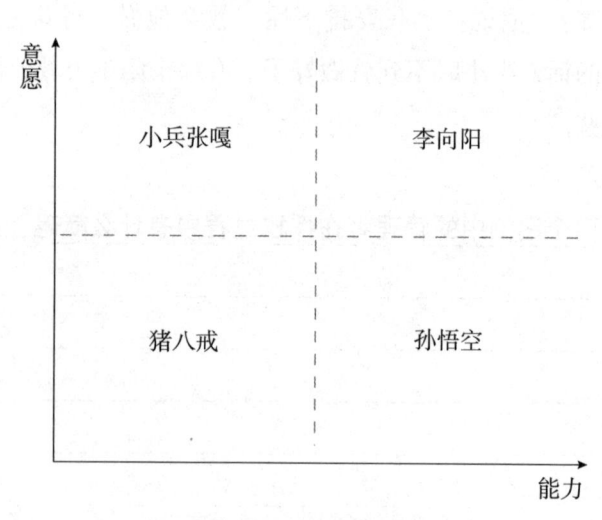

图9-4 授权的意愿及能力

授权对象的考量

李向阳：有困难提出来，防闷头苦干。

孙悟空：兴奋点，激励，关注他做什么，而不是怎么做。

小兵张嘎：跟踪，控制。

猪八戒：润滑剂，做一是一，拨一拨，动一动，按部就班，仅授权做事。

授权中的管理要点

放手，但要定期检查。要抽查，但不要越权（周会，时间进度表的汇报日）。

培育与激励。项目授权——设定培训项目。

充分信任。给予足够的资源支持；下属有困难，一定要提。

测试：LASI 领导风格问卷

说明：这是一份用来了解你的领导风格的问卷。总共有 12 道题目，每道题目代表一种状况。在回答问题之前，请先仔细地考虑，你面对每种状况时将如何处理。每个答案并无好坏之别，只请你按照"实际上"你会如何处理来回答，而不是考虑理论上该怎么做。请记录好你的选择。

状况 1：一位新员工，正在接受岗前培训，他很想把事情做好，也非常自信，只是还没有多少工作方法和经验。

A．指导下属按标准步骤完成工作

B．提出工作要求，也听听下属的建议

C．询问下属对工作目标的想法，并予以鼓励和支持

D．尽量不干扰他的正常工作

状况 2：你的下属经过一段时间的培训，已基本了解自己的工作职责和工作流程，只是与前一阶段相比工作动力明显不足。

A．友善地加强互助，但继续留心他们的表现

B．让他们按照自己的方式工作

C．尽可能做出一些让他们感觉自己是很重要，且有参与感的安排

D．强调工作完成的重要性及期限

状况3：你的下属遇到挑战性的问题，显得信心不足。过去虽然有类似情况，但在你的鼓励下多半问题都能自行解决，而且人际关系也很正常。

A．加入进来和他们一同解决问题

B．让他们自行处理

C．尽量纠正他们

D．鼓励他们针对问题自行解决，并适时给予意见

状况4：你正计划做一项日常工作程序的细节调整，而你的下属在这方面有丰富的经验，并期待着改革尽快实施。

A．让他们来共同参与变革，并适当提供意见

B．宣布变革并严密的予以监督

C．让他们自行变革，将结果向你汇报

D．听取他们的意见，但决定权在于你

状况5：你刚接任一个工作效率一般的团队，前任主管经营的生产力较低，你知道团队成员对你的到来充满了信任和期待。

A．让他们来决定自己的工作方向与内容

B．听取他们的意见，仍关注其工作是否达成目标

C．重新设定目标，指导并监督他们完成任务

D．让他们自己设定目标，并予以支持

状况6：几个月来你的下属表现一直处于低谷，他们也不在意是否达成目标，你想带领团队尽快度过这个时期，提升生产力，且使工作环境能更人性化。

A．尽量做些使他们感觉很重要并有参与感的安排

B．强调按时完成工作的重要性

C．尽量不去干扰他们

D．听听他们的意见，鼓励并指导他们达成目标

状况7：你的下属建议改变部门内部的架构，而你也认为很有必

要；日常工作中下属拥有足够的弹性和工作经验，只是遇到重大问题时他们还缺乏足够的勇气。

A．细心指导并监督改变

B．认可他们的建议，由大家集思广益进行改变

C．听取他们好的意见，并控制改变的进行

D．顺其自然，相信他们自己能够变革成功

状况8：你的下属表现杰出，在团队内维持良好的人际关系，尽管你很少过问，但常常有令你意想不到的业绩出现，偶尔你也感觉到无法掌握他们的工作方向或进度。

A．顺其自然，由他们自己去完成工作

B．跟他们讨论，并着手进行需要的改变

C．以明确的态度，来批示他们工作的方向

D．为避免伤到上司与下属间的关系，不做太多的指示

状况9：你的上司指定你负责一个工作团队，但该工作团队对工作目标认识不够清楚，每次会议的效率很低，常常会而不议，议而不决；可是你知道他们想把事情做好，只是缺乏经验和必要的指导。

A．顺其自然

B．听取并采纳他们的良好建议，同时监督目标的达成

C．重新界定目标，指导并监督他们完成工作目标

D．让他们加入进来，共同参与目标的设定

状况10：你的下属，以往对工作都很有责任感，最近由于工作经验不足而遭受挫折，并对新设定的工作任务敷衍了事。

A．让他们共同参与目标的重新界定

B．重新界定工作任务，并细心地督导

C．避免施加压力，造成麻烦

D．采用他们的建议，但留心新的目标是否达成

状况11：你刚新任一个职位，以前这个职位的主管较少参与下属的事务；而下属多数情况下能够自己处理事务，并保持和谐；面对你布

置的新任务，他们显得有些信心不足。

　　A．以明确的态度来指导他们工作

　　B．让他们参与决策，并刺激他们做出一些成绩

　　C．和他们讨论过去的表现，并要求他们按新程序工作

　　D．顺其自然

状况 12：最近下属间有些内在的问题，但他们以前表现很好，过去出现类似的问题常常都能自己解决，且维持很长时期的目标达成。

　　A．试着和他们一起解决问题

　　B．让他们自己解决问题

　　C．快速地纠正他们

　　D．提供讨论的机会，但以不伤害上司与下属关系为原则

以上测试得分结果（见表9-3、表9-4、表9-5、表9-6、表9-7、表9-8和图9-5）。

表9-3　测试计算总分

状况	1	2	3	4	5	6	7	8	9	10	11	12
评分												
总分												

表9-4　命令式（S1）

状况＼选题	A	B	C	D
1	♥			
2				♥
3			♥	
4		♥		
5			♥	
6		♥		
7	♥			

续表

状况\选题	A	B	C	D
8			♥	
9			♥	
10		♥		
11	♥			
12			♥	

表 9-5　教练式（S2）

状况\选题	A	B	C	D
1			♥	
2	♥			
3	♥			
4				♥
5		♥		
6				♥
7			♥	
8		♥		
9		♥		
10				♥
11			♥	
12	♥			

表 9-6　支持式（S3）

状况\选题	A	B	C	D
1		♥		
2			♥	
3				♥
4	♥			

续表

状况＼选题	A	B	C	D
5				♥
6	♥			
7		♥		
8				♥
9				♥
10	♥			
11		♥		
12				♥

表 9-7　授权式（S4）

状况＼选题	A	B	C	D
1				♥
2		♥		
3		♥		
4			♥	
5	♥			
6			♥	
7				♥
8	♥			
9	♥			
10			♥	
11				♥
12		♥		

```
┌─────────┬─────────┐
│ 支持式  │ 教练式  │
│  □     │   □    │
├─────────┼─────────┤
│ 授权式  │ 命令式  │
│  □     │   □    │
└─────────┴─────────┘
```

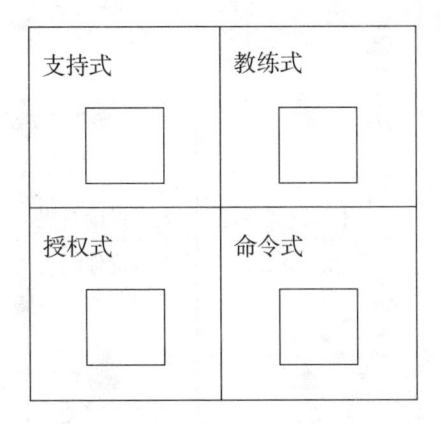

图 9-5 计算重合数

个人领导风格的诊断

LASI 领导风格调查表共有 12 个情景。其中，员工处于 D1、D2、D3 和 D4 发展阶段的各有 3 种情况。即采用命令式的方式 3 次、教练式的方式 3 次、支持式的方式 3 次、授权式的方式 3 次。如果得分是正分，说明领导风格对于下属的匹配度还不错。分数越高，说明匹配性越强；分数越低，则这种匹配性越弱。如果负分很多，那么就需要注意多多提高自身的领导水平。

S1、S2、S3、S4 重叠的数字加在一起为 12 个。如果在 S1 板块的得分最高，表明主要的领导风格是 S1。在这 4 个领导方式中，分数最高的就代表主要领导风格，也就是该领导者最习惯使用的方式；分数第二高的是次要领导风格。最佳的领导风格有命令式、教练式、支持式、授权式（见图 9-6）。

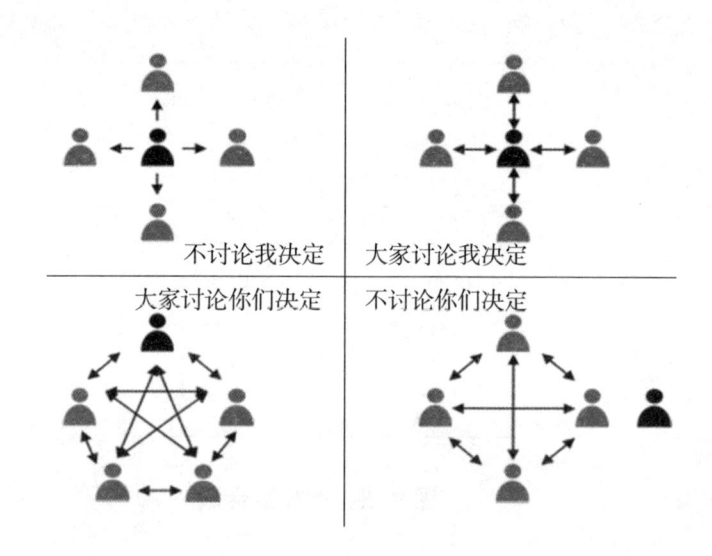

图 9-6　团队中的领导风格

主要领导风格和次要领导风格结合在一起，就是领导风格影响区域。准确地说，对于最好的领导方式，其领导风格的最佳分布应该是"3.3.3.3"。接近于这个标准分布，说明领导风格具有相当的弹性度。

命令式适用的情境

状况 1：一位新员工，正在接受岗前培训，他很想把事情做好，也非常自信，只是还没有多少工作方法和经验。

状况 5：你刚接管一个工作效率一般的团队，前任主管经营的生产力较低，你知道团队成员对你的到来充满了信任和期待。

状况 9：你的上司指定你负责一个工作团队，但该工作团队对工作目标认识不够清楚，每次会议的效率都很低，常常"会而不议，议而不决"；可是你知道他们想把事情做好，只是缺乏经验和必要的指导。

教练式适用的情境

状况 2：你的下属经过一段时间的培训，已基本了解自己的工作职责和工作流程，只是与前一阶段相比工作动力明显不足。

状况 6：几个月以来，你下属的表现一直处于低谷，他们也不在意是否能达成目标，你想带领团队尽快度过这个时期，提升生产力，且使工作环境能更人性化。

状况 10：你的下属以往对工作都很有责任感，最近由于工作经验不足而遭受挫折，并对新设定的工作任务敷衍了事。

支持式适用的情境

状况 3：你的下属遇到挑战性的问题，显得信心不足。过去虽然有类似情况，但在你的鼓励下，多半问题都能自行解决，而且人际关系也很正常。

状况 7：你的下属建议改变部门内部的架构，而你也认为很有必要；日常工作中下属拥有足够的弹性和工作经验，只是遇到重大问题时他们还缺乏足够的勇气。

状况 11：你刚新任一个职位，以前这个职位的主管较少参与下属的事务；而下属多数情况下能够自己处理事务，并保持和谐；面对你布置的新任务他们显得有些信心不足。

授权式适用的情境

状况 4：你正计划做一项工作程序变革，而你的下属在这方面有丰富的经验，并期待着改革尽快实施。

状况 8：你的下属表现杰出，在团队内维持良好的人际关系，尽管你很少过问，但常常有令你意想不到的业绩出现，偶尔你也感觉到无法掌握他们的工作方向或进度。

状况 12：最近下属间存在一些内在问题，影响到了工作，但他们以前表现得很好。

第十章 复杂性任务团队管理

第一节 显性知识、隐性知识与高校隐性知识

一、显性知识（Explicit Knowledge）和隐性知识（Tacit Knowledge）

显性知识是能够系统表达的形式知识和规范性知识，是客观和有形的知识；隐性知识则不能系统地表达出来，它是高度个性化的非正式知识，难以用文字、语言、图像等形式清晰地表达出来。它存在于人类的无形观察中，难以形式化或交流。因此，显性知识易于掌握和传递，而隐性知识则难以形式化或用语言表达，传递难度比较大。隐性知识与显性知识是一对相互矛盾的概念体，在特定条件下两者会发生转化。

二、高校隐性知识（University Tacit Knowledge）

高校隐性知识是在特定情境下，教师、学生及校内各级组织（如部门、教研室、科研团队等）难以规范化，难以言明和模仿，不易交流与共享，也不易被复制或窃取的、尚未编码和尚未显性化的各种内隐性知识。其具体表现为个体层面的工作方法、思维模式、经验、心得体会、价值观、信念，以及组织层面的组织惯例、组织文化和共同愿景。这些知识是高校知识创新的主要动力，是专业知识的增长点，也是高校知识管理的重点。通过获取、存储、共享及再利用等四个环节，展现知识由隐性到显性再到隐性的这一过程，即知识管理活动的过程。通过此过程，可以促进不同学科知识的交流与共享，进一步提升高校的应变能力

与创新能力。

第二节 团队发展环境

团队发展环境能够以一种潜移默化的方式影响着团队内部成员的态度和行为，在推动团队创新、提高团队绩效方面起着举足轻重的作用。创新团队发展环境包括内部环境及外部环境两方面。

创新团队内部环境：主要包括目标、资源、制度、结构和文化等方面。不同组织内部环境对团队成员的技术压力水平的影响不同。内部管理更集中的团队成员通常会感受到更大的技术压力，且技术压力与团队创新绩效呈负相关。团队文化对团队内部竞争具有显著的推动作用，并且团队内部竞争会显著影响团队创新绩效。创新氛围可以有效推动个体创新行为的产生和扩散，同时，团队间人际信任程度与团队规模在模型中具有显著的调节作用。科研工作不能顺利开展，主要原因是团队内部存在着管理权责划分模糊、人员结构不合理以及人力物力资源分配不均等问题。团队创新绩效受到创新氛围与知识共享行为的共同影响，营造良好的团队创新氛围并增强团队内部成员的知识共享可以有效促进团队创新活动的开展。

创新团队的外部环境：主要包括政策扶持、社会创新氛围及政府服务等方面，创新团队能否有效地工作，很大程度上取决于团队与外部环境的关系。外部环境动态性与团队创新之间存在紧密的相关关系。在面对高动态性的外部环境时，团队为了应对快速变化的环境会采取创新的战略选择和行动，从而提升团队创新绩效。创新模式的高效运行也需要开放的外部环境氛围，在开放共享的社会氛围下，组织可以吸收利用来自外界的创新火花、创新资源，不断加快创新进度，实现自身的科研目标，并持续保持团队的创新优势地位。因此，主管部门需要以时代的发展背景和社会的外部环境为依据，因势利导，逐步培育相对稳定的外部环境，以此推动创新活动的深入展开。

第三节 虚拟科研团队

一、虚拟学术社区

网络通信技术的快速发展使得跨时空、跨边界的知识整合成为可能，虚拟科研团队通过网络等现代信息手段来完成科学研究工作已经渐渐成主流趋势。随着网络技术发展，虚拟学术社区的出现，不仅满足了网络环境下科研人员学术交流的需求，也是对传统学术交流模式的补充和发展，逐渐成为科研人员分享信息和知识交流的重要平台。许多学者在虚拟学术社区中通过搜寻、获取和贡献专业知识，从而满足科研需求。

随着互联网技术快速发展，虚拟学术社区成为科研合作的重要平台，科研人员基于虚拟学术社区构建了虚拟科研团队，虚拟学术社区的科研团队成员可以划分为任务角色倾向型成员、关系角色倾向型成员和自我角色倾向型成员三种类型。三种类型的成员合作行为的演化博弈关系和过程表明，成员参与的三方博弈结果依赖于各参数取值，反映出结果的复杂性，根据不同类型的虚拟科研团队成员，需要制定不同的策略，以发挥虚拟学术社区在科研合作中的重要作用。

二、虚拟科研团队

虚拟科研团队是为了一定的科研目标，围绕学科领军人物，采取跨组织、跨地域的合作方式组建的团队。在共同的愿景和目标的引导下，相关知识背景的科研人员快速聚集和融合，组建虚拟科研团队，通过实时的信息共享和互动，构建高效灵活的知识网络，在此基础上实现协同合作与知识创造。

虚拟科研团队的优越性来自团队成员知识的多样化和互补性。团队成员知识结构和专业技能的多样性有助于科学研究突破个体成员能力水平的局限，使得团队科研可以共享他人智力资本并进行开发创造。然而差异性也可能导致合作中的内耗，团队成员知识结构、研究经验不同，难免导致理念、见解、技术沟通方面的障碍。而虚拟科研团队由于缺乏面对面互动和直接沟通，更使得合作中出现的问题难以得到及时的解决，引起协同过程中的内耗，最终将影响团队科研的产出。

与传统的实体科研团队合作相比，虚拟学术科研团队成员合作是基于相应的虚拟学术社区、围绕一个共同的科研目标而成立的临时性科研团队，组织相对不稳定，成员会随时发生变动，成员参与度各不相同。因此，虚拟学术社区科研团队的成功取决于成员科研合作的频率和强度。在虚拟学术社区中，通过成立虚拟科研团队，能降低科研合作成本，提高科研人员合作概率，有利于知识的沟通和交流，促进虚拟学术社区健康发展。但是，团队的绩效受到"人的因素"影响，且由于不同成员在虚拟科研团队中的角色不同，"人的因素"也存在很大的差异性。

信任是虚拟科研团队建设的关键问题。团队成员的专业能力及品质、合作意图、沟通与合作效果是团队信任关系的主要影响因素。虚拟科研团队成功的关键在于团队成员通过高效地沟通与共享，实现知识的流通、整合与创造。大量的研究表明，人际信任是团队合作与知识共享的基石，在促进团队协作攻坚、凝聚团队力量中发挥非常重要的作用。因此，如何构建虚拟科研团队良好的信任关系，减少团队内部协调与知识分享可能引致的消耗，促进知识信息的高效流动，就成为虚拟科研团队建设要考虑的关键问题。

信任关系的缔结产生于互动情境，而情境的复杂多变给信任关系的建立带来风险和考验。虚拟科研团队中的人际信任意味着成员一方对另一方合作意愿和科研攻关能力的积极预期。影响信任关系的主要因素是关系主体的能力、善意的动机和正直的行为。

团队成员的科研能力是影响团队科研攻关水平的关键因素，团队成员之所以信任其他团队成员，在很大程度上是因为他相信其他成员有能力履行其在团队合作中的职责，如在互补性的专业领域内，具有扎实的知识基础、丰富的科研经验、良好的沟通技巧、正直的科研品质等。团队成员通过互动的过程获得有关他人专业能力及品质方面的信息，并依此做出合作者是否可信的判断。

一般情况下，利他动机容易培养信任，而自私自利容易破坏信任。比如，当某个成员被认为具有良好的合作精神和责任感时，通常容易获得同伴的信任，此时施信成员相信对方会维护团队和自己的利益；相反，当某个成员总是希望利用其他成员的知识资源，而不愿意与他人分享自身知识资源时，则很难获得同伴的信任，此时施信成员将担忧自身利益可能受损。此外，当某成员加入科研团队主要目的被认为是获取科研经费、研究数据资源，或依托团队获取个人声誉、社会地位等自利性动机时，也不容易获得同伴的信任。

疏于沟通与合作的团队，成员关系松散，各自为战，难以形成合力。信任与沟通之间具有互为因果的内在逻辑关系，一方面，沟通合作是信任产生的途径，在团队成员利益或者目标一致时，频繁的沟通与合作加强了成员间的相互了解，有益于培养默契、加深信任；另一方面，信任是良好沟通与合作的保障，团队成员对彼此抱有积极的预期时，将会愿意坦诚交流，并以良好的心态面对沟通中可能出现的问题，提高沟通效果与合作质量。

综上所述，高校团队建设是一项复杂的系统工程，团队建设的规律、理念往往需要在实践操作中，力求提升科研团队的综合建设，及时调整科研管理标准，高度重视管理水平，积极采取必要的措施，努力实现健康事业的快速发展。按照大学创新团队的绩效管理，做好有效的评价分析，充分激发团队建设，落实新研究实施办法，提升团队的综合绩效评价分析，完善高校创新思路的机制管控。高校团队管理建设者需要根据不同专业的实际发展需求，制定有效的团队建设模式，加强团队信息绩效管理，充分激发团队的创新评价模式，提升综合化管评分析，构建有效的绩效机制管理实施办法。

第四节 创新团队及诺贝尔创新团队的启示

随着创新驱动战略的实施,创新团队的创新能力逐渐被摆到了更加重要的位置,成为国家综合国力及核心竞争力的重要体现,具备集体智慧的创新团队研究模式对于有效保障国家创新成果的产出具有重要意义。科学技术的快速发展对科学研究提出了较高的要求,分散而单一化的研究模式已经无法满足复杂的重大科研项目需要。整合各类人才资源的创新团队正在逐渐成为创新活动的重要组织形式。

创新团队是一种进行知识探索的科研组织形式,它可以更好地依靠团队内部成员间的资源共享,以及优势互补实现创新成果的不断产出。区别于个人或一般研究团体,高水平创新团队更加适合完成更具探索性的高难度科研任务。从科技发展的角度看,只有高水平的创新团队才能产生高水平的创新成果。因此,如何确保创新团队的发展质量和水平,从而实现团队创新成果的持续产出,已经成了创新驱动发展战略在新时代提升国家自主创新能力,并推动社会经济稳定发展的重要保障。

创新团队在孵化期、成长期及成熟期三个不同阶段所需的发展环境支持,构建了高水平创新团队发展环境因素理论框架。其中,孵化期发展环境包括高水平项目的获取、高水平学术带头人的引进、团队成员的初步集结及基础设施的完善;成长期发展环境包括团队成员结构的完善、人才培养机制的建立、团队创新氛围的打造、团队激励机制的建立,以及充分放权的管理部门角色转型;成熟期发展环境包括团队竞争和协同机制的建立、团队绩效评价体系的完善、团队投融资体系的完善,以及完整产业链的打造。

在科学研究中,研究人员起着关键性的作用。陈久庚对2001—2017年诺贝尔科学奖的物理学、化学和生理学/医学3个奖项的获得者130人的生平事迹进行了剖析,对科研团队人才资源的配置进行了初步探讨。

科研团队人才资源的配置，主要是合理配置团队成员的年龄和学历结构，以保证团队的生力、活力和实力。借鉴参考130位诺贝尔科学奖获得者的生平事迹，通常科研团队的年龄构成为"两头小中间大"，即大体上是，10%的成员在30岁以下，20%的成员在31~35岁，40%的成员在36~45岁，20%的成员在46~55岁，10%的成员在56岁以上，平均年龄在40岁左右。而团队成员的学历可以是学士（大学本科）、硕士、博士。为了增强科研团队的研究实力，博士学位（包括博士研究生）人数的比例宜占多数为60%~70%。

　　在诺贝尔科学奖得主130人中约有20%的得主是师生关系，约有15%是2人或3人合作研究获奖。说明实行导师指导研究的模式，有利于促进团队出成果和培养青年成员，并在团队中营造和谐合作的气氛，为成员提供合作研究的气氛和环境，提高科研团队的研究效率。挖掘科研团队自身的研究潜力，是团队人才资源配置的延伸措施。

　　在诺贝尔科学奖得主130人中有48人（近40%）应邀访问国内高校和研究机构，受聘为名誉（客座）教授、顾问，发表学术演讲或做学术报告，并开展合作研究，对高校师生和学术界了解有关专业领域发展的前沿和提高研究水平起到积极推动作用。可以在适当时机邀请专业领域的领军名人或学者来访，进行学术交流，促进团队研究视野的拓展。

　　综上，一个科研团队放大来看，就是一家研究机构的业务部门。合理设计科研团队成员的年龄和学历，实行导师指导研究的模式、营造共事合作的环境，开放式邀请外界有关专家学者进行访问和学术交流，有利于团队的成长。

第十一章　团队建设问题诊断

第一节　团队成员诊断

一、团队成员（Team Members）

团队成员是团队的基石，团队的强弱直接取决于成员的素质。

强有力的领导、和谐的文化、互补的技能、分析解决问题能力、沟通的技能、合作与创新精神等基本素质是高效团队必须具备的基本特征。

这些特征要求团队成员应该具备以下基本素质。

（1）值得信赖。能够完成所承担的工作并履行承诺，坚持不懈，自始至终表现良好。

（2）积极参与能够完全融入团队工作，而不是作为旁观者站在一边。

（3）建设性交流。能把自己的想法观点明确而坦诚地表达出来。

（4）合作精神。即使自己有不同的观点和兴趣，仍然可以想方设法一起努力完成工作。

（5）善于解决问题，不把问题归咎于他人，回避问题，推脱责任，而是积极找出解决办法并制订行动计划。

根据以上所述在吸纳团队成员时要从以下方面加以考察。

上述问题，一些知名企业给出了经典的回答。

1. 聪明又有进取心的人

GE：用聪明而有进取心的人

要特别聪明的人，因为当我们犯傻的时候，聪明人就特别有用。要有强烈进取心的人，因为这种人最想成就一番事业（杰克·韦尔奇）。

2. 复合型人才

金正：发展最快的是复合型人才

复合型人才知识、能力都比较全面，心理素质好，综合能力比较强，可以管一个部门、一个厂甚至一个公司（金正集团总裁杨明贵）。

3. 领导者或追随者

麦肯锡：要领导者，不要追随者。

- 杰出的思考和解决问题的能力。
- 良好的同各层次人士沟通、交往的能力。
- 创新精神。
- 远大的志向和坚韧的毅力。

4. 国际化+本土化人才

索尼：用国际化人才。

我们的产品要走向世界，那么我们生产的产品就要全部国际化，采用国际的标准，而为了实现这个目标，我们的人也要如此（索尼总裁安藤国威）。

5. "野鸭"型人才

IBM：重用"野鸭"。

对于那些我并不喜欢、却有真才的人的提升，我从不犹豫。我所寻找的就是那些个性强烈、不拘小节、有点野性，及直言不讳的人（IBM总经理沃森）。

6. "发动机"型人才

联想："发动机"重于"螺丝钉"。

联想发动机理论认为，员工作为"发动机"，在与领导一同确定了以客户需求为导向的目标之后，就该主动地推进甚至主动驱动其他人共同为你的目标服务。

7. 有信仰的人

亚马孙：没有信仰的人不用。

员工们应真心相信亚马孙在电子商务发展中的地位和使命，这样才能对亚马孙的发展充满信心，才能在公司处境困难的时候不动摇。既然公司的总决策已经制定，员工们就应该遵照执行，全心全意去维护这个决策（亚马孙网上书店创始人贝索斯）。

8. 平凡的人

麦当劳：不用靓女和天才。

西武：不用聪明人。

松下：用"70分"人才。

他们没有一流人才的傲气，也容易满足，他们重视公司给予的职位，会努力把自己的工作干得更漂亮一些（松下幸之助）。

9. 最适合本企业文化的人

宝洁：只用既适合宝洁文化的人，又很出色的人，如果他有比较强的自主创业的愿望，宝洁是不会招他的。因为他不符合宝洁文化。

二、认识人与人之间的差异

能力上的差异是客观存在的。

成功的管理者必须首先了解个别差异的存在，才能实现团队成员的有机组合，更好地实现人力资源的有效管理。

心理学家在研究过程中发现人与人之间的差异表现在四方面：身体素质上的差异、能力上的差异、个性差异和气质差异。

1. 身体差异

人的身体健康程度是通过人对自然和工作环境的适应程度及健康状况反映出来的基本活动能力；工作的持久性；旺盛的工作精力；出勤率。

2. 能力差异

能力是直接影响活动效果的个性心理特征。

才能是指个人完成工作或活动所必需的特殊能力的组合。

人的能力差异

从数量上看，表现为能力水平的差异，即有的人能力高，有的人能力低。

从质量上看，完成同一种活动取得同样的成绩，不同的人可以采取不同的途径或不同的能力结构，这一般称为能力的类型差异。

从发展上看，能力发展因人而异，能力表现有早晚差异。

了解人的能力差异，用人所长

企业管理者应当注意以下四方面。

（1）掌握能力阈限，搞好人机配合。

（2）合理分配工作，做到人尽其才。

（3）完善组织结构，确立人才金字塔。

（4）加强人才教育，不断开发人才的潜力。

3. 个性差异

个性差异存在的客观性是指每个具体的人由于先天遗传素质不同，以及后天社会化形式与内容的差异，所以就会在各种心理活动中表现出各种比较稳定的、体现显著差异的心理特征，使一个人带上了不同于他人的特定的精神风貌。

个性差异主要体现在个人的气质和性格两方面。

4. 气质差异

气质是指决定一个人心理活动动力的、个体独有的心理特征，它们在多种多样的活动中都有同样的表现，而不以活动的内容、目的、动机为转移。

人的气质分为四种典型类型：多血质、胆汁质、黏液质、抑郁质。

三、气质类型的典型心理特征

多血质：反应迅速，情绪发生快而多变，动作敏捷，有朝气，活泼好动，喜欢与人交往，注意力容易转移，兴趣易变化。

胆汁质：精力旺盛、坦率、刚直、情绪情感的活动急剧而又易变，情绪易于冲动，但激动的心情并不持久。

黏液质：稳重、安静、踏实，反应迟缓，情绪不易外露，注意力稳定但不易转移，忍耐力强。

抑郁质：具有感情体验深刻，善于察觉细节，外表温柔怯懦、孤独，行动缓慢，但对事物的反应有较高的敏感性。

气质差异对管理的作用

气质无所谓好坏，气质本身不能决定一个人活动的社会价值和成就的高低。

气质是工作选择的依据。企业的工作效率取决于三个条件：①每个工作必须要有最适宜的工作人员，即人机协调；②必须具备维持工作效率最适宜的人才；③良好的人际关系的形成。气质对人的身心健康有影响，教育和培训可以使人形成良好个性。

性格是组成个性的核心心理特征。心理学上将一个人的性格定义为一个人本质属性的独特的结合，这些属性使社会成员之间有所区别，表现了这个人对现实的态度和习惯化的方式，并且表现在他的行动举止之中。

四、性格类型

在一类人身上所共有的某些性格特征的独特结合称之为性格类型。

（一）性格的分类

按智力和情绪在性格中的表现程度分类

情绪型性格的人情绪占优势，情绪体验深刻，行为举止易受情绪左右。

理智型性格的人理智占优势，易用理智来衡量并支配自己的行为。

按个体的独立性来划分

顺从型性格的人倾向于以外在参照物作为信息加工的依据，独立性差，易受暗示，容易不加评判地接受别人的意见，按照别人的指示干事，在紧急情况下个体的行为表现为惊慌失措。

独立型性格的人不易受外来事物的干扰，具有坚定的信念，善于独立地发现问题和解决问题，不为次要因素所干扰，在紧急状况下善于应付，不慌张，但冒险精神强。

提示：组织团队或招募员工时应当注意员工的独立性，形成有效的成员结构。

（二）人的性格差异

性格类型的差异是由于不同的人从先天遗传所获得的解剖生理特性不同，以及他在后天环境所具有的社会物质生活条件、文化影响和社会实践不同而形成的。

一个人的兴趣、习惯、能力和气质等如何表现，要以他的性格为基础。

个人的性格不仅说明他做什么，也说明他如何做。

性格标志着某人的行为方向和其行为的结果，因此性格有好坏之分，具有社会道德评价的意义。

直接属于道德品质的性格特征，如公而忘私、与人为善，或损人利己、冷酷无情等，明显表现出社会评价的意义。从属于个人道德品质的性格特征，如自尊心、虚荣心、谦虚、傲慢等，虽然不直接和道德品质相关联，但影响到人与人的关系，也受到社会道德舆论的评价。

性格和气质的关系

性格和气质的关系非常密切。

性格更多地受社会生活条件制约，它是态度体系和行为方式相结合而表现出来的具有核心意义的个性心理特征，其在社会评价上有好坏之分。

同一气质类型的人，可能有不同性格；有共同性格特征的人，可能属于不同的气质类型（见表11-1）。

表 11-1　斯普兰格的类型论

性格类型	性格特征
经济型	以经济的观点看待一切事物，从实际效果来判断事物的价值，以获得财产、追求利润为生活的目的
理论型	冷静而又客观地观察事物，根据自己的知识体系来判断事物的价值，但遇到实际问题时却无法处理。以追求真理为生活目的
审美型	不大关心实际生活，而是从美的角度来判断事物的价值，艺术家较多
宗教型	相信宗教，有感于圣人相救之恩，坚信永存的绝对生命
权力型	重视权力，并努力获得权力，总想指挥别人或命令别人
社会型	重视爱，以爱他人为人生最高价值，有志于增加他人和社会的财富

资料来源：斯普兰格. 人生之型式[M]. 董兆孚, 译. 北京：商务印书馆, 2019.

活泼型的典型性格特征：好奇、追求新鲜事，跳跃思维，反应敏捷，热切表达自己的想法，热情待人，容易吸引别人的注意，情绪化，关注点在自己。

完美型的典型性格特征：严肃；注重细节、一丝不苟；善于思考；擅长计划，情绪化；过于苛刻、缺乏自信；不善于赞美他人；擅长具体的东西（记录、作图、制表）。

力量型的典型性格特征：反应敏捷；执着、目标导向；自信；工作狂；强烈的控制欲；黑白分明（对与错、是与不是）；喜欢争辩；急躁、缺乏耐心。

和平型的典型性格特征：冷静，善于倾听；包容心强，有耐性；目标感不强，缺乏主动和主见；不愿意改变，缺乏热情。

(三) 如何快速判断人的性格

内、外向判断；从行动速度判断；从说话速度判断；感性、理性的判断；从说话内容判断；从说话方式判断。

用材提示

力量型：给予挑战性目标；对于时间周期长的目标，列出阶段性产出；注重时间管理，保持目标聚焦；多沟通、保持节奏一致性；直接指出不对的地方，并用充足的理由说明。

和平型：给予明确的目标；听取其建议；要求做好工作计划，过程中多检查多鼓励；安排重复性，不要太多创造性的工作；安排足够的工作量。

活泼型：给予符合 SMART 原则的目标；多赞美；寻找机会给其表现；关注有挑战性的目标实施过程中的心态；不适合安排过多工作，细节上需给予关注。

完美型：检查对工作目标的理解程度；控制时间进度及目标的实现程度；关注计划的情况保持一致性；给予具体的赞美并助其树立信心。

（四）性格对管理的影响

管理者对人的管理要注意到一个人的行为倾向，而性格正是决定这种行为倾向的最重要的心理特征之一。

管理者了解和掌握员工的性格，可以达到：有助于预见和控制员工的行为；有助于创造工作环境，使之尽可能与员工性格相吻合，以利于人力资源的有效利用和员工潜能的发挥；教育和培训有助于员工形成良好的性格，协调组织内部的人际关系。

案例分析：司马光谈用人

夫聪察强毅之谓才，正直中和之谓德。才者，德之资也；德者，才之帅也。

才与德是不同的两回事，而世俗之人往往分不清，一概而论之曰贤明，于是就看错了人。所谓才，明指聪明、明察、坚强、果毅；所谓德，是指正直、公道、平和待人。才，是德的辅助；德，是才的统帅。

是故才德全尽谓之圣人，才德全亡谓之愚人，德胜才谓之君子，才胜德谓之小人。

所以，德才兼备称之为圣人；无德无才称之为愚人；德胜过才称之为君子；才胜过德称之为小人。

凡取人之术，苟不得圣人、君子而与之，与其得小人，不如得愚人。

挑选人才的方法，如果找不到圣人、君子而委任，与其得到小人，不如得到愚人（见图11-1）。

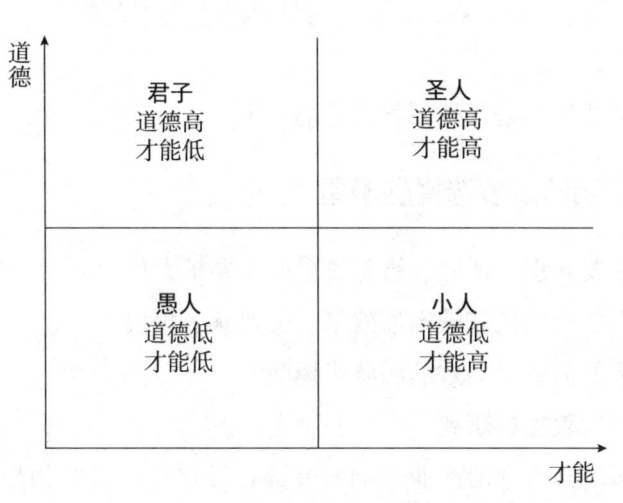

```
道德
│
│   君子           圣人
│   道德高         道德高
│   才能低         才能高
│
├─────────────────────────
│
│   愚人           小人
│   道德低         道德低
│   才能低         才能高
│                           才能
└─────────────────────────→
```

图11-1　司马光用人框架

华西村原党委书记——吴仁宝的用人原则

有才有德，破格使用。

有德无才，培养使用。

有才无德，限制使用。

无才无德，一定不用。

团队的两种观点

古希腊学者亚里士多德：整体大于部分之和。（1+1>2）

法国人林格曼的"拉绳实验"：团队合力并不一定大于个人能力之和；团队中有人没有竭尽全力。（1+1<2）

"拉绳实验"

被试者分为

一人组：拉力为A；

二人组：拉力为 2A 的 90%；

三人组：拉力为 3A 的 85%；

八人组：拉力为 8A 的 49%。

第二节　团队规模诊断

团队的规模是各种因素综合的结果。

一、团队规模选择的矛盾

如果要知识、技能、智慧更全面，要扩大规模。

如果要产生良好的沟通效果，又要减小规模。

那么如何确定高效的团队规模呢？

贝尔宾教授的研究

英国剑桥大学的产业培训研究部在贝尔宾教授的领导下做了 10 年的团队研究，其中心任务就是在不同的假设和设计前提下研究团队的构成。其中团队规模是团队诊断的第一步。研究发现，团队规模的不同形成了不同的团队特点。

二、团队与个人行为

团队规模的不同，形成了不同的团队内部关系；

团队规模越大，使人顺从的压力也就越大；

团队结构使个人在团队内部的表现变得更为复杂。

格兰丘纳斯公式

格兰丘纳斯（V. A. Graincunas）的论证公式 $\Sigma = n\,(2^{n-1}+n-1)$

式中：Σ 表示管理者需要协调的人际关系数目。n 表示下级人员的数量。公式表明，当管理者直接领导的人数按算术级数增长时，其所要协调的人际关系数量按几何级数增长（见表 11-2）。

表 11-2　团队规模与团队协调关系对照表

下属人数（n）	成员之间关系数目（$\Sigma = n(2^{n-1}+n-1)$）
1	1
2	6
3	18
4	44
5	100
6	222
7	490
8	1080
9	2370
10	5210
11	11374
12	29708

三、团队规模增加会增加管理的复杂性

当团队成员增加，管理幅度也会增大，也会带来管理的复杂性。但是，这并不意味着管理幅度越小越好。在人数相等的情况下，管理幅度减少，必然会增加管理层次，同样会带来管理效率的下降。因此，在确定管理幅度时应当综合考虑各种因素的影响。

理想的团队规模（Ideal Team Size）
10 人团队

罗马军队内部有很多个级别，负责每个级别的人都有 10 个人直接向他报告。

美洲存活时间最长的印加文明，其军队也有类似的形式。

在亨利管理学院的管理教育中，学习小组由 10 人组成，证明最合适。

对于不需要太多的讨论或每人充分阐述自己观点的组织，10 人团队为最佳选择。

6 人团队

遵义会议后中共的 5 人领导小组。

中央政治局 7 人常委会。

亨利管理学院管理游戏的 6 人小组。

研究发现，6 人团队是最合适处理复杂问题的团队。

3 人团队

3 人团队处在独裁和完全团队管理之间。

它的优势是效率高，缺点是有可能发展为独裁，因个人的变化而对团队产生巨大的影响。

3 人团队容易失去团队本身稳定性和长久性的价值。

第三节　团队领导诊断

有什么样的领导，就有什么样的团队。

一、团队领导（Team Leader）

谁更适合做团队领袖

要改变一家公司的财富，最迅速也是最稳妥的办法就是换一名总经理。

让狮子领导羊群？还是让羊领导狮群

最好的领导：是团队成员最乐于接受、个人举止和形象与人们期望相符的人呢？还是那种在任职期最有可能带领团队成员完成既定目标的人？

巨人重新站起来的启示

记者：你觉得你今天能够成功地奇迹般地站起来，最终得益于什么？

史玉柱：两方面，一是我这些年所经受的挫折和教训，这是我最宝贵的财富；二是我的团队。我身边的几个骨干，在最困难的日子里，好几年没有工资，他们一直跟着我，我永远感激他们。脑白金问世之前，我吃不准，问他们"行吗？你们觉得有戏吗？"他们只是给我非常肯定的回答：行，没问题，肯定行。

第十一章 团队建设问题诊断

领导的生命周期理论

团队领导者的风格应适应下属的成熟程度。

有效的团队领导应根据下属的成熟程度以及情景的需要采取不同的领导风格。

领导的生命周期

工作行为表示领导者用单向沟通的方式向下属说明该干什么、何时、何地、用何种方法完成任务（见图11-2）。

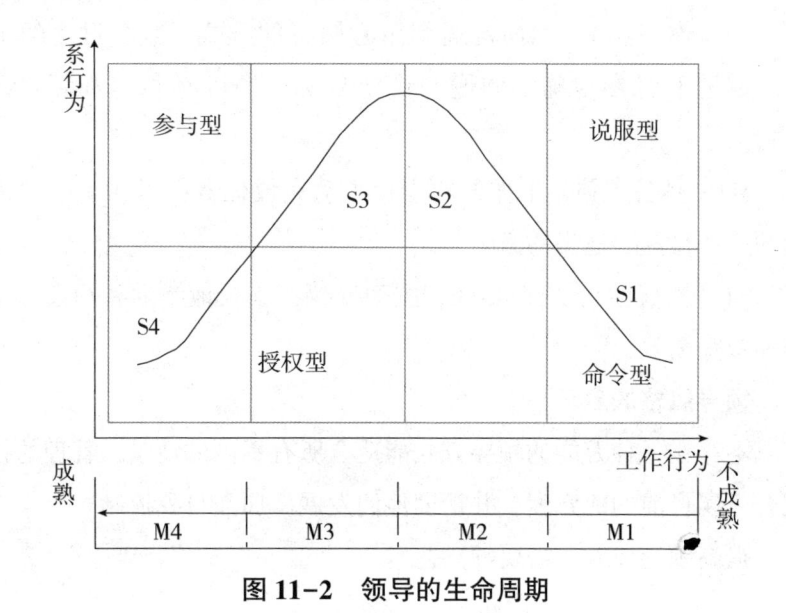

图 11-2　领导的生命周期

关系行为表示领导者用双向沟通的方式，用心理的、培育社会感情的措施指导下属，并照顾职工的福利。

成熟度指下属的成就动机、承担责任的意愿和能力，以及个人或小组具有与工作有关的学识和经验。

领导的风格

M1：工作热情高，学习的主动性强。缺乏工作经验，不能承担相应的责任，特定人群：新员工。

S1（命令型）：单向沟通的方式，明确规定工作目标、指示、工作过程及步骤，必要的示范，严格的监督。

M2：开始熟悉工作，逐步负相关责任，缺乏工作技能，不能完全胜任工作，工作热情有所下降。

S2（说服型）：双向沟通的方式，确认问题与目标，提供必要的指导与帮助，肯定成绩，进行有效的激励；倾听下属的感受，使下属获得心理支持。

M3：已具备了较强的工作能力，有效地完成任务，不希望领导者对他们有过多的指示和限制，缺乏自信心和安全感。

S3（参与型）：双向沟通和用心倾听的方式，减少过多的工作行为，鼓励下属参与确定问题与设定目标，提供必要的资源、意见和支持。

M4：具备了独立工作的能力，主动完成任务并承担责任，需要明确的工作目标，适当的激励。

S4（授权型）：充分信任，主动授权；有效地激励和约束：定期检查和跟踪绩效。

领导风格的启示

不存在一种万能的领导方式能适合所有不同的情景，管理的技巧需配合下属目前的成熟度，并帮助他们发展，加强自我控制。

提高领导成效，需要领导艺术。

二、提高团队的领导力

优秀领导是决定团队成功的关键因素之一，所以团队领导必须具备较强的领导力。

领导力是指领导在动态环境中，运用各种方法，以促使团队目标趋于一致，建立良好团队关系及树立团队规范的能力。

团队领导的能力要求

- 充分的自觉意识。
- 善于激励他人。
- 善于合理分配有限资源。

- 富有远见并能向他人传播。
- 拥有完善的个人价值体系。
- 强烈的集体责任感。
- 成熟的知识和学习网络。
- 有效分析与整合复杂信息的能力。
- 具有灵活性和快速反应的能力。
- 果断决策的能力。
- 勇于并善于进行突破性思考。
- 迅速建立高效率职业关系的能力。

成功管理者的特征（美国管理学会）

企业家的特征：工作效率高；主动进取；才智方面逻辑思维能力强；概念化能力高；判断能力高。

人际关系特征：自信；能帮助他人提高；以个人行为影响他人；明智地使用权力；动员他人的能力强；善于利用交谈；热情关心他人；使人积极而乐观；集体领导；自我克制。

成熟的心理特征：自主地做出决定；客观的态度；自我认识；勤俭；知识（技术、业务和管理知识）丰富。

管理者的技能

美国管理学家罗伯特·卡茨（Robert I. Katz）认为管理者必须具备以下三种基本技能。

（1）概念性技能：管理者对复杂情况进行抽象和概念化的技能。概念性技能主要表现为创新与变革能力、系统分析和解决问题的能力、驾驭全局的能力。

（2）人际关系技能：与处理人际关系有关的技能，即理解、激励他人并与他人共事的能力。人际关系技能包括沟通、激励，合作等能力。

（3）技术性技能：熟悉和精通某种特定专业领域的知识和方法的能力（见图11-3）。

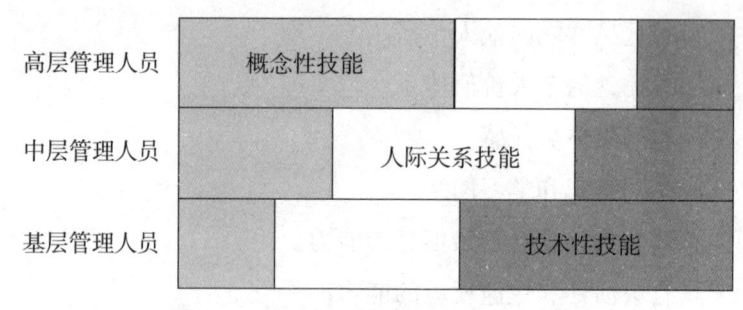

高层管理人员	概念性技能
中层管理人员	人际关系技能
基层管理人员	技术性技能

图 11-3　不同管理层次需要的技能

研究：有效管理者与成功管理者的活动

- 传统管理：计划、决策和控制。
- 沟通：交流例行信息和处理文件工作。
- 人事管理：招聘与培训、激励与奖惩冲突调节等。
- 网络联系：社交活动、政治活动与外界交往。

我们把领导风格分成一般管理者、成功管理者和有效管理者三种类型。比较他们在传统管理、沟通、人事管理及网络连续等4个方面的时间分配。我们发现一般管理者把精力主要集中在传统管理上。成功的管理者则把将近一半（48%）的时间花在网络联系上。而有效管理者则把沟通作为工作中的重头戏，取得了事半功倍的效果（见图11-4）。

	传统管理	沟通	人事管理	网络联系
一般管理者	32%	29%	20%	19%
成功管理者	13%	28%	11%	48%
有效管理者	19%	44%	26%	11%

图 11-4　不同管理者的时间分配团队发展与
　　　　　领导风格的匹配

三、团队发展的五个阶段（见图 11-5）

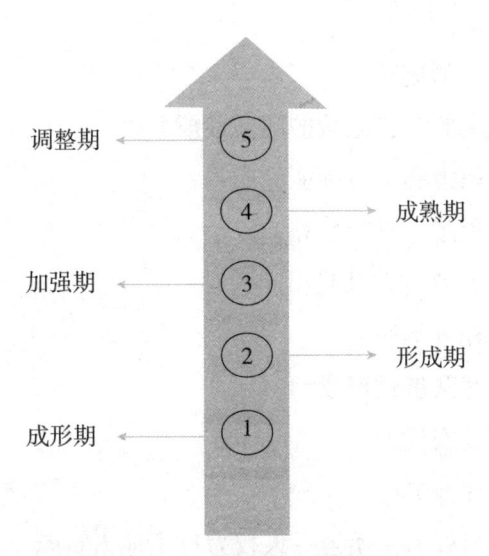

图 11-5　团队的发展阶段

第一阶段　成形期

被选入团队的人既兴奋又紧张。

过高的个人期望。

自我定位：试探环境和核心人物。

有纷乱的不安全感、焦虑和困惑。

团队领导需要依赖职权。

如何帮助团队度过成形期？

宣布你对团队的期望。

与成员分享成功的远景。

提供团队明确的方向和目标（展现信心）。

提供团队所需的资讯。

帮助团队成员彼此认识。

成形期领导风格——命令型

行为：多指挥，少支持。

决定：领导决定。

沟通：自上而下。

监督：频繁。

第二阶段　形成期

期望与现实脱节，隐藏的问题逐渐暴露。

有挫折和焦虑感：目标能完成吗？

人际关系紧张（冲突加剧）。

对领导权不满（尤其是出问题时）。

团队效率提升不明显。

如何帮助团队度过形成期

最重要的是安抚人心。

认识并处理冲突。

化解权威与权力，不容一人权力打压他人贡献。

鼓励团队成员就有争议的问题发表自己的看法。

准备建立团队规范（以身作则）。

调整领导角色，鼓励团队成员参与决策。

形成期领导风格——说服型

行为：多指挥，多支持。

决定：征求意见后决定。

沟通：双向交流并反馈。

监督：频繁。

为什么要培育下属？

主管的职责不是授之以鱼，而是授之以渔。

找人才不如留人才，留人才不如造人才。

企业要学会使团队成员实现从材—才—财的转变。

在人身上投资总能得到最高的回报。

水落石出？水涨船高？

辅导下属成长，是水涨船高，是共赢。

如果你不想独自承担所有的重任,就需要开发人才。

成功领导在于最大限度利用下属的能力。

下属将决定团队领导的成功或失败。

第三阶段　加强期

(1) 人际关系由敌对走向合作。

问题逐渐解除;沟通之门打开,相互信任加强;团队发展了合作的规则;注意力转移。

(2) 工作技能提升。

(3) 建立工作规范和流程,特色逐渐形成。

如何帮助团队度过加强期

最重要(形成团队文化,形成团队规范)+最危险(怕冲突不敢提建议)。

加强期领导风格——参与型

行为:少指挥,多支持。

决定:共同做决定。

沟通:多问少说并反馈。

监督:减少。

第四阶段　成熟期

团队信心大增,具备多种技巧,协力解决各种问题。

用标准流程和方式进行沟通、化解冲突、分配资源。

团队成员自由而建设性地分享观点与信息。

团队成员分享领导权。

巅峰的表现:团队成员拥有完成任务的使命感和荣誉感。

如何带领成熟期的团队

变革:随时更新工作方法与流程。

团队领导与团队成员融为一体。

通过承诺而非管制追求更佳结果。

赋予团队成员具有挑战性的目标。

密切关注工作的进展，承认个人的贡献，相互的信任和支持。

庆祝个人和团队的成就。

成熟期领导风格——授权型

行为：少指挥，少支持。

决定：下属做出决定。

沟通：双向交流并反馈。

监督：更少。

第五阶段　调整期

团队何去何从

团队解散。为完成某项特定任务而组建的团队，伴随着任务的完成，团队也会因任务的完成而解散。此时，高绩效不是压倒一切的首要任务，注意力应该转向团队的收尾工作。这个阶段，团队成员的反应差异很大，有的很乐观，沉浸于团队的成就中，有的则很悲观，惋惜在共同的工作团队中建立起的友谊关系，不能再像以前那样继续下去。

团队休整。对于另外一些团队，如大公司的执行委员会在完成阶段性工作任务（如一年为周期）之后，会开始休整而准备进行下一个工作周期，此间可能会有团队成员的更替，即可能有新成员加入，或有原成员流出。

团队整顿。对于表现差强人意的团队，进入休整期后可能会被勒令整顿，整顿的一个重要内容就是优化团队规范。在这里，皮尔尼克（S. Pilnick）提出的"规范分析法"（Normative Analysis）很是值得借鉴。规范分析法作为优化群体行为、形成良好组织风气的工具。是团队建设中经常用到的一种工具。规范分析涉及已有的事物现象，对事物运行状态做出是非曲直的主观价值判断，力求回答"事物的本质应该是什么"。与之相对应的是实证分析法；实证，就是讲是什么，比较客观，就是不做任何评价，只给一个客观道理，客观描述事物存在的一个状态。规范，就是做评价，有自己的主观观点，描述事物应该是一个什么样的状态。

分析与解答：
如何使用"规范分析法"开展团队整顿

第十二章　企业团队建设案例

第一节　马化腾创业团队

腾讯创造奇迹靠的是团队。1998年的秋天，马化腾与他的同学张志东"合资"注册了深圳腾讯计算机系统有限公司。之后又吸纳了三位股东：曾李青、许晨晔、陈一丹。这5个创始人的QQ号，据说是从10001到10005。为避免彼此争夺权力，马化腾在创立腾讯之初就和4个伙伴约定清楚：各展所长、各管一摊。

之所以将创业五兄弟称之为"难得"，是因为直到2005年的时候，这5人的创始团队还基本是保持这样的合作阵形，不离不弃。直到腾讯做到如今的帝国局面，其中4人还在公司一线，只有COO曾李青挂着终身顾问的虚职退休。

在企业迅速壮大的过程中，要保持创始人团队的稳定合作尤其不易。在这个背后，工程师出身的马化腾一开始对于团队合作的理性设计功不可没。

从股份构成上看，5个人一共凑了50万元，其中马化腾出资23.75万元，占47.5%的股份；张志东出资10万元，占20%股份；曾李青出资6.25万元，占12.5%的股份；其他两人各出资5万元，各占10%的股份。虽然主要资金都出自马化腾，他却自愿把所占的股份降到50%以下。他说："要他们的总和比我多一点点，不要形成垄断、独裁的局面。"而同时，他自己又一定要出主要的资金，占大股，"如果没有一个主心骨，股份大家平分，到时候也肯定会出问题，同样完蛋"。

保持稳定的另一个关键因素，就在于搭档之间的"合理组合"。据

《中国互联网史》作者林军回忆说："马化腾非常聪明，但非常固执，注重用户体验，愿意从用户的角度去看产品。张志东是脑袋非常活跃，对技术很沉迷的一个人。马化腾技术上也非常好，但是他的长处是能够把很多事情简单化，而张志东更多是把一个事情做得完美。"

许晨晔和马化腾、张志东同为深圳大学计算机的同学，他是一个非常随和、有主见，但不轻易表达的人，是有名的"好好先生"。而陈一丹是马化腾在深圳中学时的同学，后来也就读深圳大学，他十分严谨，同时又是一个非常张扬的人，他能在不同的状态下激起大家的激情。

如果说其他几位合作者都只是"搭档级人物"的话，那么曾李青就是腾讯5个创始人中最好玩、最开放、最具激情和最具感召力的一个人，与温和的马化腾、爱好技术的张志东相比，是另一个类型。其大开大合的性格，也比马化腾更具攻击性，更像拿主意的人。不过或许正是这一点，也导致他最早脱离了团队，单独创业。

马化腾承认，他最开始也考虑过和张志东、曾李青三个人均分股份的方法，但是最后还是采取了5人创业团队，根据分工占据不同的股份结构的策略。即便是后来有人想加钱、占更大股份，马化腾说不行，"根据我对您能力的判断，您不适合拿更多的股份。"因为在马化腾看来，未来的潜力要和应有的股份匹配，不匹配就要出问题。如果拿大股的不干事，干事的股份又少，矛盾就会发生。当然经过几次稀释，最后他们上市所持有的股份比例只有当初的1/3，但即便是这样，他们每个人的身价都还是达到了数十亿元人民币，是一个皆大欢喜的结局。

可以说，在中国的民营企业中，能够像马化腾这样，既包容又拉拢，选择性格不同、各有特长的人组成一个创业团队，并在成功开拓局面后还能依旧保持着长期默契的合作，是很少见的。而马化腾的成功之处，就在于其从一开始就很好地设计了创业团队的责、权、利。能力越大，责任越大，权力越大，收益也就越大。

1. 描述一下您的团队，说说每个人的责、权、利。你们共同的价值取向是什么

2. 团队成员的股权分配如何？是否根据分工占据不同的股份结构，还是按照出资多少分配股权

3. 目前的团队是否足以让企业发展壮大？在成功开拓局面后是否还能保持长期默契的合作？为什么

4. 究竟如何才能打造优秀的团队

稻盛和夫的阿米巴团队[①]

1959年，稻盛和夫在几位朋友的好心帮助下成立了京瓷公司，而且在1984年成立了第二电电公司，也就是现在的KDDI。这两家公司至今为止一直保持了高收益，取得了持续发展，其原因就在于采取了基于牢固的经营哲学和精细的部门独立核算管理、被称为"阿米巴经营"的经营手法。稻盛和夫把公司细分成所谓"阿米巴"的小集体，从公司内部选拔阿米巴领导，并委以经营重任，从而培育出许多具有经营者意识的领导，也就是经营伙伴。

所谓的阿米巴经营就是以各个阿米巴的领导为核心，让其自行制定各自的计划，并依靠全体成员的智慧和努力来完成目标。通过这样一种做法，让第一线的每一位员工都能成为主角，主动参与经营，进而实现"全员参与经营"。此外，稻盛和夫还开创性地构建了精细的部门独立核算管理机制，从而能够准确地掌握各阿米巴的经营内容。同时，稻盛和夫坚持玻璃般透明的经营原则，让所有人都能清晰地了解每个部门的经营状况。

自京瓷创业以来，稻盛和夫就意识到，为了使企业保持长期稳定的发展，必须确定并与全体员工共同分享正确的"经营哲学"，同时，要建立能够准确而及时地掌握组织基层的实际经营状况的"经营会计制度"。因此，京瓷在致力于技术开发、产品开发和营销活动的同时，也为确立经营哲学和经营会计制度而倾注了大量心血。

伴随着京瓷多元化、全球化程度的日益加深，阿米巴经营也逐渐发展成为按部门管理各领域业务、更为精细的管理会计制度。KDDI公司同样也确立了基于阿米巴经营模式的部门独立管理会计体系，在业务快速扩大的过程中，可以一目了然地掌握所有部门的经营状况。这有助于

---

① 资料来源：稻盛和夫的阿米巴经营理念［EB/OL］. 个人图书馆.

准确、迅速地做出经营判断,这也成了 KDDI 公司在瞬息万变的通信行业中取得飞速发展的动力。

阿米巴经营模式就是通过小集体的独立核算,实现全体员工参与经营,凝聚全体员工力量的经营管理体系。在"阿米巴经营模式"中,各个阿米巴的领导将主导制订各自计划,并依靠全体成员的智慧和努力去完成目标。通过这种做法,现场的每一位员工都将成为主角,主动参与经营,进而实现"全员参与的经营"。同时,还开创性地构建了精细的部门独立核算管理机制,从而能够准确地把握各个阿米巴的经营状况。此外,始终坚持如玻璃般透明的经营原则,让所有人都能够清楚地了解每个部门的经营状况。另外,阿米巴经营模式必须与经营哲学相统一,所以阿米巴经营的每一项规则和每一个组成部分,都明确地做到了与京瓷企业哲学的一一对应。

阿米巴的第一个目的是确立与市场直接挂钩的部门核算制度。虽然阿米巴是小组织,但开展经营必须要进行收支计算,需要掌握最基本的会计知识。因此,有必要建立一个让缺乏专业知识的人也能够掌握阿米巴核算的体系,这就是"单位时间核算表"(即内部交易会计)。单位时间核算表不仅包括了各个阿米巴的收入和经费,还计算两者的差额,也就是附加价值。以该附加价值除以总劳动时间,就得到了每小时的附加价值,通过这种体系可以非常轻松地掌握自己所属的阿米巴每小时创造了多少附加价值。

第二个目的是"培养具有经营者意识的人才"。根据需要把组织划分成若干个小单元,把公司重组为一个中小企业的联合体。把各个单位的经营权下放给阿米巴领导,从而培养具有经营者意识的人才。即使是在公司规模不断扩大、经营者和各部门负责人无法管理整个公司时,只要把组织划分为若干个小单元,采取独立核算,那么该单元的领导就可以准确地把握本单元的情况。同时,由于划分后的组织人数少,因此主管这些小单元的领导可以比较容易地掌握日常工作的进展情况,进行工序管理,即使没有特别高的管理能力和专业知识,也能够正确地进行本部门的运营。

第三个目的是"实现全体员工共同参与经营"。我们要激励全体员工为了公司的发展而齐心协力地参与经营，在工作中感受人生的意义和成功的喜悦，实现"全员参与的经营"。阿米巴经营模式是将公司分成若干个小集体，以领导为核心，全体成员共同参与经营。京瓷晨会等形式向全体员工公布有关阿米巴，以及公司经营状况的主要信息。通过像这样尽可能地公开公司信息，营造全体员工自觉参与经营的氛围，使全体员工共同参与经营成为可能。如果全体员工能够积极参与经营，在各自的岗位上主动发挥自己的作用，履行自己的职责，那么他们就不仅仅是单纯的劳动者，而将成为并肩奋斗的伙伴，并会具有作为经营者的意识。

阿米巴经营的目的

- 确立与市场直接挂钩的部门核算制度
- 实现全员参与的经营
- 培养具有经营者意识的人才

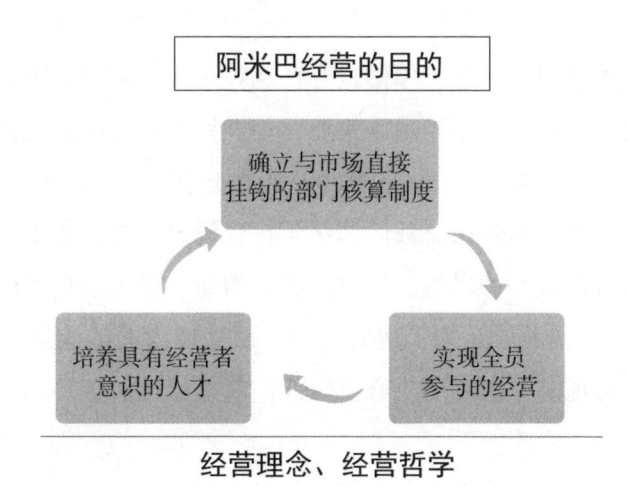

经营理念、经营哲学

图-1　阿米巴经营的三个目的

分析与解答：

1. 讨论国内公司推行的内部承包制和阿米巴的区别

2. 稻盛和夫做法的本质

3．如何将员工变成合伙经营人，激励员工以创业心态去打工

第三节　沃尔玛团队

　　沃尔玛公司是一家美国的世界性连锁企业，以营业额计算为全球最大的公司，沃尔玛主要涉足零售业，是世界上雇员最多的企业，连续三年在美国《财富》杂志的全球500强企业中居首。沃尔玛的团队建设之道：美国沃尔玛公司总裁萨姆沃尔顿曾说过："如果你必须将沃尔玛管理体制浓缩成一种思想，那可能就是沟通。因为它是我们成功的真正关键之一。"沟通就是为了达成共识，而实现沟通的前提就是让所有员工一起面对现实。沃尔玛决心要做的，就是通过信息共享、责任分担实现良好的沟通交流。

　　沃尔玛公司总部设在美国阿肯色州本顿维尔市，公司的行政管理人员每周花费大部分时间飞往各地的商店，通报公司所有业务情况，让所有员工共同掌握沃尔玛公司的业务指标。在任何一个沃尔玛商店里，都定时公布该店的利润、进货、销售和减价的情况，并且不只是向经理及其助理们公布，也向每个员工、计时工和兼职雇员公布各种信息，鼓励他们争取更好的成绩。管理界有许多关于团队建设的理念和方法，但都过于抽象或复杂，搞得"团队建设"神秘兮兮的，其实"团队建设"不过是管理工作中的一项而已，并没有多少与众不同的地方，都存在"务实"和"务虚"的成分，所谓"务实"就是物质层面的东西，即表明团队建设始终要从工作出发，以工作结尾；所谓"务虚"就是精神

层面的事情，即团队建设工作要搞好团队内的人际关系，要始终关注人在工作过程中的感受，想方设法提高他们的工作满意度。有一个不好的倾向是许多人认为团队建设就是和稀泥，只要大伙高高兴兴就好，这是大错特错，如果只会做人不会做事，团队必定乌烟瘴气。

在沃尔玛较少物质奖励，对促销比赛第一名只奖励一个10元左右的笔记本。可是总经理却会用10分钟时间"狠狠地"表扬了第一名的工作精神和方法，并发一个奖状，然后合影，最后还让给大伙讲几句，这种"招待"让人很受用。沃尔玛认为"物质激励"很容易把员工引导至"唯利是图"的不轨之路，结果就破坏了团队的正气，而精神奖励更会使团队积极向上。沃尔玛就是这样"小处着手，大处着眼"，不断地积累员工对企业的满意度。

士气有正有负，如同月有圆缺。如果员工有怨气得不到发泄，也会导致团队气氛紧张，沃尔玛为此专门设置一些"向上"沟通的渠道。有个"门户开放"政策，大致的意思是员工如果觉得不满意可以向直接上级的任意上级沟通，另外沃尔玛还有比如"草根会议"和"人事面谈"等由人力资源部门组织的管理层不在现场的保密的沟通方式，来了解员工对企业、管理层的看法。当然这些越级沟通方式并不能得到跨级领导的直接指示，但他一定会给到一些中立的不带偏见的意见让员工和其领导亲自解决，当然员工会得到跨级领导"持续保持关注"直到员工满意为止的承诺。

现在许多企业都会有这样那样的一些绩效考核，但一般都是走形式。所谓的绩效考核只能说"好"，不能说"坏"，而且还要样样好，否则就会导致无穷无尽的人事斗争，这种考核不但达不到明察绩效的目的，而且会严重破坏团队的凝聚力。沃尔玛的人事考核相对比较正规，不仅能够考核出一些"后进"的苗子，而且能提升团队的凝聚力，这就是区别所在。因为沃尔玛要求为每一个员工建立一份工作档案，其中记录着每一个员工做了些什么，哪些好，哪些不好，尤其是不好的部分，我们会在事发当时和当事人进行面谈，然后大家要就面谈的事宜双方签字，以免事后做考核的时候员工说管理层秋后算账或信口开河。沃尔玛在做绩效考核时一般都会附具体的案例，以表明"考核是以事实为依据"的。而员工如果知道自己没有被管理层所"迫害"的话，一般而言还是心服口服，这样反而会增强员工对团队的信任度。当然沃尔玛也会在管理上因为团队沟通不好而出现问题：物流系统失灵；供货商关系不畅；低价不低；会员店遇冷；公关失策等问题。但是后来由于制定了合理的制度，优化了沟通效率。沃尔玛采取的团队沟通方式是：①沟通前把概念澄清；②确定沟通目标；③研究环境和性格等情况；④听取他人的意见，计划沟通内容；⑤及时获取下属的反馈；⑥既要注意切合当前的需要，又要注意长远目标的配合；⑦言行一致；⑧听取他人的意见要专心，真正明了对方的原意；⑨学会换位思考，提高全局意识和协作意识；⑩本着对工作高度负责的态度和对事不对人的态度对待沟通与协作。

分析：

绝大多数人非常在意沃尔玛的职业经历，那是一段令人难忘的过程，工作满意度一直很高，沃尔玛中国自1996年进入中国以来连续多年被评为最佳雇主。这是一个怎样的称谓呢？比如微软、三星等，它是专门以员工满意度为主评审依据的。许多人会问为什么沃尔玛钱少还能产生如此高的满意度呢？答案是"团队建设"和"团队沟通"。沟通就是为了达成共识，而实现沟通的前提就是让所有员工一起面对现实。沃尔玛的员工为什么在工资较低的情况下还依然对自己的团队、企业有如此高的满意度，那是因为沃尔玛团队建设管理层在沟通这一方面给予了高度重视。

没有完美的个人，只有完美的团队，优秀的团队能把个人贡献最大化地转化为团队绩效。所以说在人才招聘选拔上，团队组建是高效团队的基础。团队组建的前提是企业必须拥有一套符合企业发展的人才招聘、选拔标准，根据标准找到适合企业的人才。有什么样的人，做什么样的事，有什么样的事，找什么样的人，根据企业的策略和文化确定企业员工的特征和性格倾向。在企业招聘和选拔人才的过程中，不要单从该人才的经验上进行评判，经验就是特定的时间段，发生了件特定的事件，用当时的方法解决了当时的事件，可是时间在前进，环境在发生变化，怎么能用过去的方法来解决现在遇到的问题呢？所以除了经验，更应考虑如知识、技能、道德、沟通、协助、责任等人才指标。同时也应考虑人才在不同的企业发挥的作用是不一样的，要避免一个误区：人岗不匹配，一是招来的人才超出岗位的水准太多，高级人才低岗位；二是招来的人才远远不能适应岗位的需求，低级人才高岗位。这都会使得人才在此岗位上工作的时间不会长久。同时在招聘和选拔人才上也不能太注重专业和学历，应充分考虑专业人才的复合技能，防止专业人才过度专业而忽视团队的需求，使团队的合力不能有效发挥，专业只能表明具有专业水准的知识和智慧，但不代表具有专业的技术和能力。学历只是代表过去，并不能代表未来，关键是人才的学习力，尤其是在参加社会实践工作中的实战能力，高学历未必高效。在企业发展的初级阶段，适合的人才比优秀的人才更实用，应在合适的阶段引进合适的人才，而不必追求学历的高低。所以招聘人才时要根据岗位的不同制定相应的面试标准，不能使用相同的标准进行评定。作为企业，在招聘选拔人才过程中要真诚，这里讲的真诚指的是企业对待员工的一种态度，具体就是诚实和实事求是，不能一味强调企业是如何如何的好、收益是如何如何的高，不要给予过多的承诺，不要夸大企业的现状。相反还要适当地告诉一些企业存在的问题，以及会面临的一些压力、困难。否则人才进来后，如果感到失落，流失的概率就大增，解决问题和困难的能力也会降低，那时再去招聘人才来补充，企业所花费的时间和精力等成本会大得多。

讨论：

总结一下沃尔玛团队的成功经验

第十三章　团队游戏设计

一、记忆考验

简述：随着越来越多要记的东西，试试自己可不可以记住更多的东西。

人数：不限

场地：不限

适合范围：刚认识或不认识的人

游戏方法

（1）全部人围成一圈，从第一个人开始说"今天我吃了一个AA"。（AA为随意食物名）

（2）接着第二个接着说，吃了一个AA，二个BB……（BB不同的食物名）

（3）像这样一直传下去，每传一个人就必须重复前面的食物名，另加一个新的食物名。

（4）一直到有人中途讲错出局！

题目例子：可选一些较难的食物名或菜名！或一些平常不容易吃到的！例：滑蛋干贝牛肉汤。

分析与解答：

二、比长短

简述：每队派出一人比不同的单位

人数：不限

场地：不限

适用范围：适合刚认识或不认识的人

游戏方法

（1）分组，不限人数，至少要二组。每组5人以上。

（2）老师宣布要比的小组，然后每组派出一位他们认为会赢此小组的人。

（3）等被派出的人都出来后，老师再说比什么。

（4）计算每次比完的输赢即可。

题目例子：这个游戏的题目就是要想越不会被大家猜中的越有趣！比长：比手臂；比上衣；比头发……比短：比手指头；比裤子或裙子……比高：比声调；比手抬起来的高度……比大，比眼睛；比手掌……比多：比身上饰物；比穿的衣服；比身上扣子……

题目必须在看到被派出的人之前想好！

分析与解答：

_____

_____

_____

_____

三、比一比

简述：借着组员的动作，来猜题目是什么

人数：不限

场地：不限

适用范围：适合刚认识或不认识的人

游戏方法

（1）分组，不限几组，但每组最好 5 人以上。

（2）轮流每组派出一个人出来，老师给他看题目。他只能以动作来告知组员题目。

（3）视题目的难度来计时。看各组的得分高低来算输赢。

分析与解答：

四、超级大买贴

简述：用不同的是非问题猜出头顶上的答案

人数：最少十人

场地：室内

适用范围：适合熟悉团体中人物的朋友们

游戏方法

（1）分组，每组人数不限。

（2）每组派出一人面对面坐在中央（中间可放一张椅子）。

（3）老师在宣布题目后，分别把二张答案放在出来的两人头上。这两人只能看到对方头上的答案，但不能看到自己头上的。

（4）当老师说开始时，二人可以开始问问题猜自己头上的答案，但必须先拍打放在中央的椅子或地板来做抢"问"。问的问题也只能问是非题。

（5）队员可在旁边帮忙回答，但不能问问题或把答案讲出来。

（6）每队有三十秒到一分钟的时间来问问题（看题目难度而定），

有三次（看题目难度而定）的机会猜答案。

（7）每一轮派不同的人上来猜不同的题目，直到所有的题目被猜完。

（8）可看每组猜对的数目来算分数，输的队必须接受处罚。

题目例子：这个游戏的题目不一定只能猜人物。可视团体中的熟悉度来出题目。每个题目必须要有二个答案。比如：团体中最爱唱卡拉OK的人？孔子学生的名字？

分析与解答：

_____
_____
_____
_____

五、谁在布后

简述：借着游戏来记他们的名字

人数：不限

场地：不限

道具：一块大布适用

范围：刚认识或不认识的人

游戏方法

（1）先大家围成一个大圈逐一念出自己的名字。

（2）分成两组，各坐在场所的一边。

（3）老师和帮手把布拿着隔开两组人。

（4）每组在拿起布时各派出一人坐在布两边的中间。

（5）老师看两边都坐好人后，数到三与帮手一起把布放开。

两边被派出的人必须很快地叫出对方的名字。叫得比较慢的就输了。一直持续下去。

分析与解答：

_____

_____

_____

_____

六、猜猜是谁

简述：借着猜背后的名字认识对方

人数：不限

场地：不限

道具：一些名片贴纸，或是纸张加胶带笔

适用范围：刚认识或不认识的人

游戏方法

（1）给每个人一张名片贴纸，要求大家把自己的名字写在上面。

（2）老师收集所有的名片贴纸，然后把每一张贴纸贴在每个人背后（不能是同一个名字贴在同一个人背后），不能让他们知道他们背后的人的名字。

（3）游戏开始，每个人必须去问别的人，任何是或不是的问题来猜他们背后名片上的名字（人数多的话，只限问一个人一个问题）。

分析与解答：

_____

_____

_____

_____

七、虎克船长

简述：借着游戏来多认识旁边人的名字

人数：不限

场地：不限

适用范围：刚认识或不认识的人

游戏方法

（1）全部的人围成圈圈，先搞清楚坐在两旁人的名字。

（2）由其中一人开始，说自己的名字二次，然后再叫另一人的名字。

（3）被叫到的人两边的朋友必须马上说："咳哟！咳哟！"并做出划船的动作。

（4）接着再由被叫到的人接着叫别人的名字（如2），直到有人做错或做错三次（随意！）。

题目例子：可以先全部的人自我介绍再开始这个游戏。

分析与解答：

_____

_____

_____

_____

八、如何建立信任

适用：团队建设。

游戏方法：带眼罩行走，两人一组。

第一阶段：一个人带眼罩行走，另一人手牵手，可以提示。

第二阶段：一人带眼罩行走，另一人在其左右，但不能身体接触，也不能使用语言提示。

第三阶段：一人带眼罩行走，另一人与他保持一定距离，不能使用语言提示。

游戏说明

（1）领导行为、观点的连续性、一致性，保持沟通，是信任建立的根本保障。

（2）手把手教——引导——建立信任，授权，同时不断给予指导。

分析与解答：

_____

_____

_____

_____

九、头脑风暴

形式：4~6人一组为最佳

类型：讨论类

时间：10分钟

材料：回形针，可移动的桌椅

场地：教室

活动目的：给学员练习创造性解决问题的机会。

操作程序：调查研究表明，创造性可以通过简单实际的练习培养出来。然而，大多数的时候，革新想法往往被一些诸如"这个我们去年就已经试过了"或"我们一直就是这么做的"的话所扼杀。为了给参与者发挥先天的创造性大开绿灯，我们可以进行头脑风暴的演练。

头脑风暴的基本准则应当是：

第一，不允许有任何批评意见。

第二，欢迎异想天开（想法越离奇越好）。

第三，要求的是数量而不是质量。

第四，寻求各种想法的组合和改进。有了这些基本概念后，将全体人员分成每组4~6人的若干小组。他们的任务是在60秒内尽可能多地想出回形针的用途（也可以采用其他任何物品或题目）。每组指定一人负责记录想法的数量而不是想法本身。在一分钟之后，请各组汇报他们所想到的主意的数量,然后举出其中"疯狂的"或"激进的"主意。有时,一些"傻"念头往往会被证实为很有意义的。

有关讨论:①当你在进行头脑风暴时还存在哪些顾虑,头脑风暴最适合于解决哪些问题?②你现在能想到的在工作中可以利用头脑风暴的地方?

分析与解答:

_____

_____

_____

_____

十、训练幽默乐观的游戏

情绪有正性与负性之分。有些正性情绪,如兴奋、好玩、幽默可以激发人的创造力,而许多负性情绪,如痛苦、焦虑、恐惧则会阻碍人的创造力发挥。每个人都可能因成功或失败而导致情绪波动。

下面这个游戏可以体验情绪在问题解决中的强大作用。更可以训练幽默和乐观的情绪。

这一个游戏要求你和一些朋友一同做,而且要求你偏离你一贯的社会行为。

游戏的内容是要你学动物园里动物的叫声。下表的内容决定你要学的动物是什么。

你姓氏汉语拼音的第一个字母	动物名称
A—F	狮子
G—L	海豹
M—R	猩猩
S—Z	热带鸟

现在选择一个伙伴（最好在这些朋友中挑一位不太熟悉的人作为伙伴）。彼此盯着看，目光不能转移，同时用嘴大声学动物叫，至少10秒钟。

点评：在这个简单的游戏中，你的感觉如何？你是否感到既幽默有趣又有些尴尬。这个游戏尽管开始时会感到不舒服，很可能结束时已是笑声满堂。也许不管你模仿的动物是什么，最后你的表现都是"傻驴"一头。你是否注意到好玩和幽默的情绪会有助于你在这个游戏中创造性的发挥，可能会使你灵机一动，模仿出种种出人意外的叫声，获得满堂喝彩，或者逗得大家捧腹大笑？而在游戏中，感到尴尬的心理却会使你羞于开口？假如你有幽默感，学动物叫就更容易开口。

正性乐观的情绪是创造力的催化剂。因此，在最困难的时候，不要忘记幽默可以使你保持乐观。

分析与解答：

_____
_____
_____
_____

十一、串名字游戏

游戏方法：小组成员围成一圈，任意提名一位学员自我介绍单位、姓名，第二名学员轮流介绍，但是要说：我是××后面的××，第三名学员说：我是××后面的××后面的××，依次下去……，最后介绍的一名学员要将前面所有学员的名字、单位复述一遍。

分析：活跃气氛，打破僵局，加速学员之间的了解。

分析与解答：
_____
_____
_____
_____

十二、扮时钟

游戏规则

（1）在白板或墙壁上画一个大的时钟模型，分别将时钟的刻度标识出来。

（2）找 3 个人分别扮演时钟的秒针、分针和时针，手上拿着三种长度不一的棍子或其他道具（代表时钟的指针）。在时钟前面站成纵列（注意是背向白板或墙壁，扮演者看不到时钟模型）。

（3）主持人任意说出一个时刻，比如现在是 3 时 45 分 15 秒，要三个分别扮演的人迅速地将代表指针的道具指向正确的位置，指示错误或指示慢的人受罚。

（4）可重复玩多次，亦可有一人同时扮演时钟的分针和时针，训练表演者的判断力和反应能力。

点评：

（1）该游戏非常适合在晚会上或培训课程的休息时间进行，可以活跃气氛。

（2）亦可在《时间管理》课程上引用这个游戏，同时可以训练人的反应能力。

分析与解答：
_____
_____
_____
_____

十三、衔纸杯传水

目的：增进亲近感，考验成员配合、协作能力。

要求：人员选8人为一组，男女交替配合。共选16名员工，分两组同时进行比赛。第一名人员倒水至衔至的纸杯内，再一个个传递至下一个人的纸杯内，最后一人的纸杯内的水倒入一个小缸内，最后在限定的5分钟内，看谁的缸内的水最多，谁就获胜。

分析与解答：

_____

_____

_____

_____

十四、踏板运水接力

1. 队员（共48人）

每队男女各6人共计12人，分三个小组进行接力，每小组须配置2男2女。

2. 比赛流程

（1）预备：每组第一位队员有踏板一对，放第一小组队员右侧；每组4位协作队员各端水一盆。

（2）裁判宣布"开始"，各队第一组队员迅速将双脚分别伸入踏板脚套中，右手端协作队员递过来的水盆，左手搭前一位队员的左肩（最前面位队员除外）前行。

（3）到达终点，将水盆中的水倒入本队的水桶后，按原方式原路返回。

（4）返回起点，队员双脚离开踏板，水盆交协作队员打水。

（5）下一组开始。

（6）最后 10 秒，裁判开始读秒：10、9、8……停（鸣锣）！

3. 规则

（1）比赛时间 10 分钟，以运送水的多少决出名次。

（2）打水可以由协作队员进行，但协作队员必须是队员，非队员不能提供任何协助。

（3）终点倒水除本人或本小组其他队员协助外，其他人员不能提供任何协助。

（4）倒水时可以双脚离开踏板。

（5）终点踏板掉头时，可以用手协助掉头，但位置应与掉头前大体相当。

（6）2 男 2 女一组，男女队员前后踏板位置不作限制。

（7）中途倒地可以重新套上踏板端起水继续前进。

（8）某队如果第三组完成后仍有时间，可由 12 个队员中的任意四位队员（仍需 2 男 2 女）继续，直至 10 分钟时间结束裁判鸣锣收兵。

4. 奖励

奖励第一名，其他队获鼓励奖。

5. 道具

踏板 4 副；大塑料桶 9 个（其中 4 个空桶放终点，4 个装满水的放起点，1 个装满水的在起点处备用）；小塑料盆 16 个，中塑料桶 1 个（加水备用）；秒表一个，鼓一个；锣一面。

分析与解答：

_____

_____

_____

_____

十五、猜五官

游戏说明

（1）两人面对面

（2）先随机由一人先开始，指着自己的五官任何一处，问对方："这是哪里？"

（3）对方必须在很短的时间内来回答提问方的问题，例如：如果对方指着自己的鼻子问这是哪里的话，同伴就必须说：这是鼻子。同时同伴的手必须指着自己鼻子以外的任何其他五官。

（4）如果过程中有任意一方出错，就要受罚；3个问题之后，双方互换。

分析与解答：

_____
_____
_____
_____
_____

十六、盲人背跛子

目的：沟通配合能力，活跃气氛

游戏规则：当场选6名员工，3男3女，男生背女生，男生当"盲人"，用纱布蒙住眼睛，女生扮演"跛子"，为"盲人"指路绕过路障，达到终点，最早到达者赢。其中路障设置可摆放椅子，须绕行；气球，必须踩破；鲜花，须拾起递给女生。

1. 队员（共16人）

每队男女各2人共计4人

2. 比赛流程

（1）预备：扁担一根放置第一位队员身旁；二位协作队员各提起

一桶水（此时不能挂上扁担）；一位协作队员拿红绸一根准备。

（2）裁判宣布"开始"，各队拿红绸的协作队员迅速将红绸绕在第一位队员的腰上并扎紧后（要求挑水队员原地转若干圈将红绸绕到尽头后扎紧），拿起扁担挑起水出发。

（3）过桥。

（4）到达终点，将水倒入本队的水桶中后，按原方式原路返回（返回时可以不上桥，但需挑起水桶）。

（5）返回起点，解开捆在腰上的红绸后，交下一位队员继续，直至第四位队员。

（6）最后十秒，裁判开始读秒：10、9、8……1停（鸣锣）！

3. 规则

（1）时间10分钟，以运送水的多少决出名次。

（2）队员顺序为：第一位队员男性，第二位队员女性，第三位队员男性，第四位队员女性，如第一轮完成后仍有时间，须按第一轮的男女顺序继续接力，直至10分钟时间结束裁判鸣锣收兵。

（3）打水及捆绸可以由协作队员进行，但协作队员必须是本队队员，非队员不能提供任何协助。

（4）队员过桥时不许掉下，否则需从桥头重新上桥。

（5）中途倒地，可以爬起后继续；若倒地后水已倒掉可以返回起点盛水后重来。

4. 奖励

奖励第一名，其他队获鼓励奖。

5. 道具

小桥1座（预先安装）；扁担4根；挑水小塑料桶8个；大塑料桶9个（其中4个空桶放终点，4个装满水的放起点，1个装满水的在起点处备用）；中塑料桶1个（加水备用）；秒表1个，鼓1个；锣1面；红绸4根（每根长5米）。

分析与解答：

十七、大风吹

方法

(1) 全体围坐成圈，野外可划地固定各人的位置，主持人没有位置，立于中央。

(2) 主持人开始说："大风吹！"大家问："吹什么？"主持人说："吹有鞋子穿的人。"则凡是穿鞋子者，均要移动，另换位置，主持人抢到一个位置，使得一人没有位置成为新主持人，再吹。

（备注：可"吹"之资料：有耳朵的人、带表的人、两只鼻子的人、没有指甲的人、穿×颜色衣服的人、戴戒指的人、打领带、擦口红的人、有太太的人）

PS： 小风吹则吹相反的方向。

分析与解答：

十八、可怜的小猫

方法

(1) 全体围坐成圈，一人当小猫坐在中间。

(2) 小猫走到任何一人面前，蹲下学猫叫。面对者要用手抚摸小猫的头,并说"哦!可怜的小猫。"但是绝不能笑,一笑就算输,要换当小猫。

(3) 抚摸者不笑,则小猫叫第二次,不笑,再叫第三次,再不笑,就得离开找别人。

(4) 当小猫者可以装模作样,以逗对方笑。

分析与解答:

十九、顶球竞走

器材

气球十余个吹饱,橡皮筋十余根(不用气球用郊游所带的番茄、柳橙、橘子亦可)。

方法

(1) 全体分成数组,各组分由两人为一个小组。

(2) 设定竞走的距离与目标。

(3) 开始时,各组由二人用额头互顶气球或水果向目标前进,绕一周回来,由另一小组继续,最先结束者为优胜。

分析与解答:

二十、认识朋友

方法

全体围坐成圈,由某人开始按顺时针方向起立,自我介绍说:"朋友好,我叫张××。"第二人起立说:"张××您好,我姓杨××"第三人起立则说:张××、杨××你们好,我姓刘××。

以后的人照样说下去,强迫大家把每人的姓名记住。

(备注:①人多时,可以分组举行;②改成由一人起立介绍左右的朋友也可以)

分析与解答:

___

___

___

___

二十一、青蛙跳水

方法

(1) 全体围坐成圈。

(2) 由主持人开始说:"一只青蛙",第二人:"一张嘴",第三人:"两只眼睛",第四人:"四条腿",第五人:"扑通!"第六人:"跳下水"。

(3) 继续下个人开始:"两只青蛙",第二人:"两张嘴",第三人:"四只眼睛",第四人:"八条腿",第五人:"扑通!扑通!",第六人:"跳下水"

(备注:这本是喝酒时候,用筷子击碗的游戏。看似单纯,但玩的时候,要越说越快,往往是说成"两条嘴""四张腿"的笑话)

分析与解答：

二十二、奇数偶数

人数队形

没有限制，人越多越好；围成一个圆圈。

游戏方法

将全队人分成红白两队。

所有人围成一个圆圈，面向内侧坐下。

然后依圆中央的主持人的口令逐次报数。但是和普通报数不同，以只报奇数或只报偶数的不按规则的形态进行。

如果主持人说："报奇数"，就是1、3、5、7，主持人换成说："报偶数"，则接在刚才的数字报8、10、12、14……

如果说错了，就被判出局，必须离开圆圈。

玩到最后人越来越少，就可以结束游戏。

由主持人计算人剩下较多的那一组为优胜。

分析与解答：

二十三、松鼠与大树

适合人数：10人以上

材料及场地：无

适用对象：所有学员

时间：5~10分钟

操作程序

（1）事先分组，3人一组。2人扮成大树，面对对方，伸出双手搭成一个圆圈；1人扮松鼠，并站在圆圈中间；培训师或其他没成对的学员担任临时人员。

（2）培训师喊"松鼠"，大树不动，扮演"松鼠"的人就必须离开原来的大树，重新选择其他的大树；培训师或临时人员就临时扮演松鼠并插到大树当中，落单的人应表演节目。

（3）培训师喊"大树"，松鼠不动，扮演"大树"的人就必须离开原先的同伴重新组合成一对大树，并圈住松鼠，培训师或临时人员就应临时扮演大树，落单的人应表演节目。

（4）培训师喊"地震"，扮演大树和松鼠的人全部打散并重新组合，扮演大树的人也可扮演松鼠，松鼠也可扮演大树，培训师或安插其他没成对的人亦插入队伍当中，落单的人表演节目。

分析与解答：

二十四、诺亚方舟

有关诺亚方舟的传说

叙述地球遭洪水袭击时，只有诺亚一家乘舟得救的故事。

现在请你想象，如果你正搭乘这艘诺亚方舟，除了诺亚一家之外，你还想让动物搭上这个方舟，你会如何抉择？

在你眼前，只剩下6种动物。由于方舟的容量有限，只能让3种动物上船。你会让哪些动物搭乘呢？

首先，请把最想让上船的动物表示在第一；其次，表示在第二；最后则是第三。

A. 马　B. 兔子　C. 鹿　D. 羊　E. 鸡　F. 猪

分析与解答：

参考文献

[1] 周三多. 管理学—原理与方法[M]. 第五版. 上海:复旦大学出版社,2011.

[2] 单凤儒. 管理学基础[M]. 5版. 北京:高等教育出版社,2012.

[3] 刘平青,等. 员工关系管理——中国职场的人际技能与自我成长[M]. 第2版. 北京:机械工业出版社,2017.

[4] 斯蒂芬·罗宾斯,蒂莫西·贾奇. 组织行为学[M]. 14版. 孙健敏,李原,黄小勇,译. 北京:中国人民大学出版社,2012.

[5] 李笑. 成功主管培训手册[M]. 北京:经济管理出版社,2012.

[6] R. 梅雷迪思·贝尔宾. 管理团队成败启示录[M]. 袁征,李和庆,蔺红云,译. 北京:机械工业出版社,2008.

[7] 宁高宁. 关于领导力的六个体会[R]. 国资报告. 2020(11).

[8] 周杰. 跨文化研发团队的协调机制研究[D]. 上海:华东理工大学,2016.

[9] R. 梅雷迪思·贝尔宾. 未来的组织形式[M]. 郑海涛,王瑾瑜,译. 北京:机械工业出版社,2000.

[10] 陈忠卫,常极. 高层管理团队异质性理论的研究视角及其比较[J]. 统计与决策,2009(3):173-176.

[11] 徐玫瑰,韦浩然,王冀宁. 基于扎根理论的高水平创新团队发展环境研究[J]. 南京工业大学学报(社会科学版),2019(6):101-110.

[12] 张鹏程,李铭泽,刘文兴,等. 科研合作与团队知识创造:一个网络交互模型[J]. 科研管理,2016,37(5):51-59.

[13] 冯迪,刘婷. 成员激励对团队知识创造的影响机制研究——基于知识隐性程度的调节作用[J]. 财经理论与实践,2018(2):142-147.

[14]谭春辉,王仪雯,曾奕棠.虚拟学术社区科研团队合作行为的三方动态博弈[J].图书馆论坛,2020(2):1-9.

[15]张钢,李慧慧.任务复杂性对团队认知影响的案例研究[J].科技进步与对策,2019(23):111-118.

[16]聂小娟.高管团队异质性、股权集中度与上市公司财务绩效——基于2010—2017年创业板上市公司数据[J].南京航空航天大学学报(社会科学版);2019(4):44-50.

[17]吴亮,吕鸿江.复杂适应视角下团队正式与非正式沟通及其匹配机理研究[J].经济经纬,2019(6):103-109.

[18]陈久庚.科研团队人才资源配置初探——剖析2001—2017年诺贝尔科学奖获奖人生平事迹[J].科技人才资源建设与利用,2019,51(2):103-110.

[19]林巍;严广乐.承诺与知识分享的关系研究[J].现代管理科学,2013(12):95-97.

[20]周明建,潘海波.任际范.团队冲突和团队创造力的关系研究:团队效能的中介效应[J].管理评论.2011,26(12):1-30.

[21]王国猛,郑全全,赵曙明.团队心理授权的维度结构与测量研究[J].南开管理评论,2012(2):18-58.

[22]刘新梅.陈超.团队动机氛围对团队创造力的影响路径探析——基于动机性信息加工视角[J].科学学与科学技术管理,2017,38(10):170-180.

[23]张晓洁.刘新梅.团队亲社会动机与团队创造力:一个双中介模型[J].科技进步与对策,2018,35(11):116-139.

[24]江静,杨百寅.换位思考、任务反思与团队创造力:领导批判性思维的调节作用[J].南开管理评论,2016,19(6):27-35.

[25]周密.赵欣.不同领导方式下团队冲突对员工退缩行为的影响研究[J].东北大学学报:社会科学版,2017,19(1):27-33.

[26]刘智强,邓传军,廖建桥,等.地位竞争动机、地位赋予标准与

员工创新行为选择[J].中国工业经济,2013(10):83-92.

[27]常涛,刘智强,王艳子.绩效薪酬对员工创造力的影响研究:面子压力的中介作用[J].科学学与科学技术管理,2014(9):171-180.

[28]汤超颖.艾树.龚增良.积极情绪的社会功能及其对团队创造力的影响:隐性知识共享的中介作用[J].南开管理评论,2011(4):129-137.

[29]张凌.基于认知地图的隐性知识表达与共享[M].武汉:武汉大学出版,2011.

[30]王连娟,田烈旭.项目团队中的隐性知识管理[M].北京:中国社会科学出版社,2014.

[31]杨立军.西点军校[M].上海:学林出版社,2014.

[32]卢宏学.西点军校(军规制定者)[M].北京:现代出版社,2013.

[33]乔治·梅奥(George Mayo).霍桑实验:为什么物质激励不总是有效的[M].项文辉,译.上海:立信会计出版社,2017.

[34]姜汝祥.请给我结果[M].北京:中信出版社,2020.

[35]姜汝祥.请给我结果2:要结果,不要理由[M].北京:中信出版社,2020.

[36]姜汝祥.请给我结果3:要结果,从我做起[M].北京:中信出版社,2020.

[37]姜汝祥.请给我结果4:要结果,关键在执行[M].北京:中信出版社,2020.

[38]姜汝祥.请给我结果5:自律才有执行力[M].北京:中信出版社,2020.

[39]爱德华·德·波诺.六顶思考帽[M].马睿译,北京:科学技术出版社,2016.

[40]瑞奇.头脑风暴[M].黄蓓蓓,孟涛,译,北京:金城出版社,2005.

[41]杜慕群.管理沟通[M].北京:清华大学出版社,2009.

[42]黄漫宇.商务沟通[M].北京:清华大学出版社,2016.

[43]大卫·里德尔.冲突管理:化解职场冲突的深度行动指南[M].杨献军,译.北京:中国友谊出版公司,2018.

[44]万涛.冲突管理[M].北京:清华大学出版社,2012.

[45]余江敏.斯金纳的强化理论及其在教学中的运用[J].曲靖师范学院学报,2001(1):92-95.

[46]张云龄.外国管理理论简编[M].北京:中国经济出版社,1990.

[47]简丹丹,段锦云,王先辉.激励理论新进展——自我决定论[J].心理学进展,2011(1):46-49.

[48]周秀梅.本色还原——再议学术"近亲繁殖"[J].理工高教研究,2006(10):31-32.

[49]王豪杰.美国诺贝尔科学奖现象的社会环境成因及启示[D].郑州:郑州大学,2007.

[50]袁祖望.诺贝尔科学奖获取特点及其启示[J].学位与研究生教育,2004(7):8-12.

[51]刘建军.领导学原理[M].上海:复旦大学出版社,2004.

[52]王荣德.诺贝尔科学奖中的"人才链"及其启示[J].科学学研究,2000(2):70-76.

[53]马化腾和他的5人互联网创业团队[N/OL]搜狐新闻.

[54]稻盛和夫的阿米巴经营理念[EB/OL].个人图书馆.

后 记

　　2003年6月，我结束了10年的企业管理生涯，转到高校工作。在当时的肇庆学院财经系（后发展成"经济与管理学院"）工商管理教研室（后发展成"工商管理系"）任教，开启了一段新的生涯历程。我的同事及挚友周菁副教授、周雪晴副教授在工作上给予我大力的支持和指引，在生活上给予我无微不至的关怀和照顾。我们仨人因工作结缘，共同承担了工商管理系的很多课程、学生大赛辅导及社会服务项目等。2007年，我第一次指导学生参加广东省大学生"挑战杯"赛就获得了一等奖的不俗成绩，我也因此获得了广东省教育厅、团省委、省科协、省学联联合颁发的"优秀指导教师"称号。愿付出、肯努力、有担当，是我们仨人共同的特点。为此，时任院长的丁孝智教授经常戏称我们是经管院"三周"。

　　从相识到今天，将近20年过去了，周雪晴老师已经退休，不常回校；周菁老师还在坚守岗位，诲人不倦；我痴心不改，继续耕耘在自己的领地。我们仨人虽然不常聚，但是心中相互惦记，岁月留下的只有友情，没有芥蒂；只有理解，没有误解；只有信任，没有质疑。随着时间的推移，我们都意识到这份友情的弥足珍贵。我一直在考虑，能不能做一件事情，纪念一下经管院"三周"之间的情谊。于是在我的心头闪念编撰这本《团队建设实训教程》。

　　《团队建设实训教程》的大部分内容源于《团队建设》这门公选课的讲义，我们仨人都上过。我个人上了10年，学生及受众超过5000人。课件也在这个过程中细细打磨。我们经常交流上课的体会，每个人偶尔发现一个案例、一个故事，都欣喜若狂地分享出来，让大家受益。我的提议得到了她俩的赞成，除了自己投入工作，还分别指派自己家的孩子参与编撰工作，以示耕读传家，后继有人。周菁的儿媳潘卓彤（广州大学硕士）、周雪晴的女儿吴矜（澳门城市大学博士）、我的女儿谢汶君（香港城市大学硕士）都投入编辑的工作中。我的学生李肇龙是我在应对繁忙工作中获得的一大得力干将，每当时间紧、任务重，他都会及时出现，伸出援手，加班加点工作，任劳任怨。此次他负责版式设计与图表的编排及文字的组织工作，贡献颇多；湖南财经工业职业学院教务处处长周斌副教授反复开展教材的前期测试工作，并积极反馈修改意见；周鑫华博士、陈怡静博士、邓言平硕士等都是《团队建设》课程的教学团队成员，在肇庆学院通识课课堂开展了大量的前期测试工作，为教材体例的确定提供了依据；廖润宇同学通过专升本考试进入肇庆学院，在团队课表现不俗，进而参与教材的编辑工作，负责收集资料、组织团队成员反复校对；学生梁国钊、周冰玉、周子惠、周子杰、陈舒婧、林卓彦、何泽燕、吴欣芮、王紫薇、黄莹莹等为本书的出版做了大量基础性工作，在此一并致谢。文中参考书目已经尽可能列出，如有遗漏，敬请原谅，再版时一定查漏补遗。

岁月总是留下痕迹，让后人寻觅，人们在寻觅中探索真知。西江水滚滚向前，奔流不息，昼夜不停。唯真理永恒，唯善意永存，唯有爱能够伴我们前行。

周 丽

2021年春北岭山下